Alfred Feßler

Gartenstauden

Ein Buch für Staudenfreunde
und solche, die es werden wollen

23 Farbfotos
37 Schwarzweißfotos
8 Pflanzpläne

Verlag Eugen Ulmer Stuttgart

Einbandbild: Rudbeckia fulgida var. sullivantii 'Goldsturm'

ISBN 3-8001-6058-7

Printed in Germany
Umschlaggestaltung: H. G. Lechler, Stuttgart
mit einem Foto von flora-bild, Deutsche Verlags-Anstalt Stuttgart
Satz: IBV Lichtsatz KG, Berlin
Druck: Offsetdruckerei K. Grammlich, Pliezhausen

Vorwort

Wer seine Freizeit im Garten in der Gesellschaft von besonders erfreulichen Pflanzen verbringen will, ist mit Stauden nie falsch beraten. Sie mögen bei dem einen oder anderen Gartenfaulen vielleicht nicht ganz so hoch im Kurs stehen, wie sie es verdienen; aber das liegt ja nicht an den Stauden. Die guten und beliebten Beetstauden strafen das Wort Lügen, daß alles Schöne schnell vergeht. Denn viele sind bereit, nicht nur jedes Jahr, sondern auch ein zweites Mal im gleichen Jahr zu blühen. Warum sollten wir uns also, wenn uns das Gartenfieber im Frühling befällt, nicht mit Eifer den Stauden zuwenden? Fast unerschöpflich ist das Angebot dieser farb- und formschönen Pflanzengruppe. Gerade unter den Gartenstauden gibt es dankbare Arten und viele von kundiger Züchterhand hervorgebrachte Sorten, die außerordentlich vielseitig in ihren Anpassungs- und Verwendungsmöglichkeiten sind. Jeder, der sich bei den Stauden schon etwas besser auskennt, weiß, daß so manche Sorte nur in der richtigen Nachbarschaft zu ihrer vollen Wirkung kommt, daß es aber auch immer wieder Freude macht, neue Kombinationen von Formen und Farben auszuprobieren.

Immer wieder erlebt man, daß bei der Staudenpflege von völlig falschen Voraussetzungen ausgegangen wird. Wer nicht enttäuscht werden will, kann deshalb in Sachen Staudenpflege gar nicht genug Hinweise erhalten. Dieses Buch beschäftigt sich mit all dem, was zum Thema Gartenstauden in diesem Rahmen hier zu sagen wichtig ist. Nicht behandelt sind die Spezialitäten des Alpinums, der Sumpf- und Wassergärten sowie die Zwiebelblüher – dies alles ist in anderen Büchern des Verlages beschrieben.

Ich danke Herrn Roland Ulmer, daß er die Herausgabe dieses Buches ermöglicht hat. Es würde mich freuen, wenn damit den Staudenfreunden und vor allem jenen, die es werden wollen, ein wenig geholfen wäre.

Tübingen, Herbst 1973 Alfred Feßler

Inhaltsverzeichnis

Beetstaudenbegleiter für sonnige Lagen

Beetstaudenbegleiter für halbschattige und schattige Lagen

Solitärstauden für Beetstaudenpflanzungen

Ornamentale Gräser für Beetstaudenpflanzungen

Über allem: die Gartenstauden

Jeder Garten ist ein Grund zum Gärtnern. Mit dem Umgraben fängt es an. Weil jeder Anfang schwer ist, sucht man nach Pflanzen, die schön blühen, lange blühen, den ganzen Sommer blühen und nicht jedes Jahr gepflanzt werden müssen. Diese Anforderungen erfüllen der Rasen, die Bäume, die Sträucher und die Stauden. Man braucht sich also nicht jedes Jahr mit der Nachzucht von *Tagetes* und Zinnien, Astern und Löwenmäulchen abzuplagen. Wer allenfalls nur zum Wochenende Zeit findet, sich um den Garten zu kümmern, braucht ausdauernde Pflanzen, die es nicht übelnehmen, wenn man nicht jeden Tag im Garten ist. Was wir unter einem Rasen verstehen, braucht nicht gesagt zu werden; und daß die Bäume und Sträucher zu den Holzpflanzen gehören, weiß jeder. Unter den Stauden versteht man in der Gärtnersprache eine langlebige Pflanze mit jährlicher Wiederkehr. Bei den meisten sterben im Herbst die krautigen Stengel ab, und im Boden warten Triebknospen auf einen erneuten Austrieb im Frühjahr. Aus dem Gesagten ist also zu entnehmen, daß unsere Zwiebel- und Knollengewächse ebenso zu den Stauden gehören wie der Rittersporn, der Phlox oder die *Iris*-Arten. Schließlich gibt es noch Stauden, die im Herbst nicht einziehen: diese wintergrünen Pfingstnelken, *Sedum*-Arten oder Teppichphlox-Sorten stehen hier nicht im Vordergrund, sondern die hochgezüchteten Gartenstauden, die bestimmend für das Bild eines Gartens sind.

Exkurs in den Garten

Zu seinen Stauden hat der Gärtner ein ähnliches Verhältnis wie zu den Jahreszeiten. Das Frühjahr ist voller Erwartungen. Mit Beginn des Sommers kommt Hochgefühl auf, wenn die Margeriten in reinem Weiß schimmern und sich der Rittersporn in prunkvolles Blau hüllt, das die Glut des Türkischen Mohns zu kühlen scheint. Bunte Bordüren und Muster wechseln auf den Blüten des hohen Staudenphlox ab. Sonnenbraut, Sonnenauge und Rudbeckien verschwenden im Hochsommer das Gold ihrer Blüten, und im Herbst erfreuen uns die in vielen Farben spielenden hohen Staudenastern. Im Winter blickt man dann beglückt, befriedigt oder enttäuscht auf ein Jahr zurück. Was kann man nicht alles erleben und an Erfahrungen sammeln in diesen zwölf Monaten, von denen mehr als die Hälfte mit blühenden Gartenstauden gefüllt sind.

Antiquitäten können sehr teuer sein und einen hohen Wert besitzen. Wie das Biedermeier und der Jugendstil seine Bewunderer findet, so auch die vollbusigen Bauernpfingstrosen aus Großmutters Zeiten, die aus unseren Gärten nicht fortzudenken sind. Wenn aber am Zaun überalterte Rauhblattastern mit »Tonsur« ihr Dasein fristen und Taglilien-Sorten aus dem »Antiquitätenladen« die Beete überwuchern, wird es Zeit, diese »Raritäten« auszurangieren.
Auf die Sorten kommt es an. Mit dem Sammelsurium alter Sorten sollten wir Schluß machen. Unsere Staudengärtner haben so hervorragende Neuheiten gezüchtet, die nicht mehr so viele Krankheiten in den Garten tragen, bei jedem Regen oder Sturm auseinanderfallen und knicken oder uns an ihrer Blühfaulheit und Blässe verzweifeln lassen.
Eine Unzahl von Preislisten wird jedes Jahr von den Staudengärtnereien verschickt. Stauden nur nach bunten Katalogen zu kaufen, ist gefährlich. Denn Papier ist geduldig und Werbung suggestiv. Mit Bleistift und Notizbuch bewaffnet, läßt sich beim Durchwandern von Gartenschauen, der Staudensichtungsgärten Freising-Weihenstephan und Stuttgart-Hohenheim, des Berggartens Hannover, des »Blühenden Barock« in Ludwigsburg und vieler botanischer Gärten eine Fülle von Anregungen holen. Wer keine Gelegenheit hat, Beispielsbepflanzungen zu besichtigen, findet in guten Staudenkatalogen informative Hinweise. Alle Sorten, die in den Sichtungsgärten der »Arbeitsgemeinschaft für Züchtung und Selektion von Blütenstauden« erprobt und als besonders anbauwürdig empfohlen worden sind, werden wie folgt bezeichnet: * = empfehlenswerte Sorte, ** = vollempfehlenswerte Sorte, *** = vorzügliche Sorte. Auf den wenigen Quadratmeter Gartenland verdienen nur die besten der besten Züchtungen den Vorzug.
An ihren Blüten sollt ihr sie erkennen. Wenn sich die sommerlichen Blütenfeste jagen, quillt es in manchen Gärten über. Je mehr man von diesen Blüten im Überfluß hat, um so dringender kommt es darauf an, überfällige Sorten zu kennzeichnen. Von vielen Neuzüchtungen kann man im übrigen lernen, daß sie nicht nur einmal im Jahr blühen. Gerade deshalb sollten wir Sorten, deren Mängel uns schon lange stören, durch bessere Blüher austauschen.
Wer die Wahl hat, hat die Qual. Der Anfänger sollte sich nur auf jene Stauden beschränken, die problemlos in jedem Gartenboden wachsen, mit denen sich ein großer Blüheffekt erzielen läßt, und die sich in zeitlicher Blütenfolge ablösen. Es muß nicht gleich eine botanische Wundersammlung sein. Am unproblematischsten

sind die hochgezüchteten Sorten unserer Gartenstauden und ihre Begleiter, die in eigenen Kapiteln behandelt werden.

Ein Hauch von Frühling läßt sich durch das Einstreuen von Tulpen und Narzissen auf die Staudenrabatte bringen. Wie ein buntes Feuerwerk brennen sie ihre Blüten ab. Die Blumenzwiebeln ziehen im Sommer ein, und die unschönen Kahlstellen werden von den benachbarten Gartenstauden verdeckt.

Bunt ist Trumpf auf der sommerlichen Staudenrabatte. Die Leuchtkraft der Farben spielt dabei eine große Rolle. Mit den verschiedenen Gelb- und Rot-, Blau- und Brauntönen können herrliche Gartenbilder geschaffen werden. Eine Staudenrabatte muß so farbig wie ein großer Marktplatz erscheinen. Die unterschiedlichen Höhen, Formen und Farben der »Schirme« ergeben herrliche Akzente. Und wer im Sommer nicht ins Gedränge mit dem Gelb kommen will, sollte sich der roten Monarden, der weißen Margeriten, des blauen Rittersporns und der verschiedenfarbigen Phloxe bedienen.

Harmonie im Gartenraum läßt sich auf großen Staudenbeeten nur durch eine niedrige, hohe und halbhohe Gruppierung erreichen. Schwieriger als Stauden zu kaufen, ist ihre spätere Gruppierung. Jeder Mensch, der sich als Gärtner aus Leidenschaft betätigt, ist ein Individualist, der seinen Garten nach eigenem Willen gestaltet. Mit einer Pflanzskizze in der Hand läßt sich der Einkauf und die Gruppierung leichter durchführen. Jede geplante Staudengemeinschaft ist wirkungsvoller als eine willkürliche Benachbarung. Es sollten immer eine oder zwei Farben dominieren und zu anderen Stauden Kontraste bilden. Ein Prachtstaudenbeet aus roten Monarden und gelben *Coreopsis verticillata* läßt sich mit einigen blauen Kaukasus-Skabiosen oder *Veronica longifolia* und der weißen Königslilie auflockern. Als Einzelpflanzen dazwischengestreut, bringen sie in die aufdringlichen Staudenfarben einen ausgleichenden Effekt. Wer zur Rudbeckienzeit nur Gelb im Garten sieht, bekommt das Gähnen. Es bedarf dann einiger ganz später Phlox-Sorten oder sehr früher Rauh- oder Glattblattastern, um dieses Gelb aufzulockern. Man muß im Staudengarten mit allen Registern spielen, um einen guten Zusammenklang zu erhalten. Bei eingehendem Studium guter Staudenkataloge, die Angaben über Blütezeit, -farbe und -höhe enthalten, kann man die einzelnen Arten und Sorten zeitlich und farblich gut aufeinander abstimmen.

Wir richten unseren Staudengarten ein. Mit Stauden Gärten zu bepflanzen, heißt nicht, sie hinter hohen Mauern zu verstecken. Im Vorgarten gibt es viele Möglichkeiten, sie am Zaun und in Begleitung von Hecken, auf schmale Rabatten und auf breite Beete zu pflanzen. Der Sinn einer Staudenpflanzung kann natürlich nicht nur sein, den Passanten entgegenzuleuchten. Im Wohngarten lassen sich Terrassenbeete und Dachgärten, Rabatten, Bach- und Teichufer bepflanzen. Wer keine

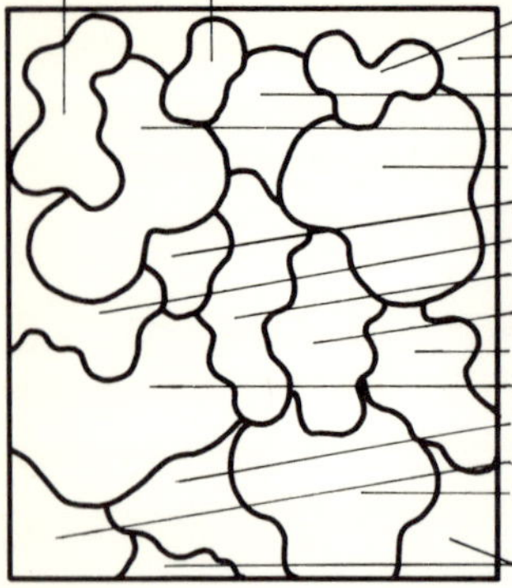

Bunt ist Trumpf. Beet 3,5 Meter lang und 3 Meter breit.

künstlerischen Inspirationen empfängt, zwei linke Hände und die nötigen Mittel hat, kann sich eine perfektionierte Staudenpflanzung von einem Gartenarchitekten planen, von einem Landschaftsgärtner pflanzen und von einem Vertragsgärtner pflegen lassen.

Durch eine Vergesellschaftung früh- und spätblühender Stauden schaffen wir ein lebendes Pflanzengefüge. Die hohen Herbstblüher wie Rauh- und Glattblattastern, *Rudbeckia nitida* 'Herbstsonne' und Staudensonnenblumen werden in den Vordergrund der Beete gepflanzt. Während der Frühsommerblüte von Rittersporn, Lupine und Brennender Liebe, Pfingstrose und Türkischem Mohn, Sommerphlox, Trollblume, Frühlings- und Sommermargerite versperren die Herbstblüher noch keine Sicht. Allenfalls können wir diese großen Horstbildner an einen Zaun setzen. Die ganz niederen *Erigeron*-Hybriden, die Berg- und die Kissenastern können zusammen mit der Katzenminze, dem Staudensalbei und Grasnelken, der Karpatenglockenblume, verschiedenen *Geranium*-Arten und -Sorten, der *Oenothera* 'Hohes Licht', dem Ziest und *Polygonum affine* als Vor- und Einfassungspflanzen verwendet werden. Diese drei Beetstaudenvertreter und ihre Begleiter können an steil abfallenden Hängen die Aufgabe des Rasens übernehmen. Mit ihrem dichtverwobenen Wurzelwerk bewahren sie die Hänge vor dem Abrutschen, und die Triebe verspinnen sich so ineinander, daß eine Bodenpflege kaum erforderlich ist. Eine Staudenpflanzung ist nie fertig. Ständig kann man sie verändern. Extravagante Gartenstauden wollen verjüngt und andere in Ruhe gelassen werden, neue Sorten kommen hinzu, und alte werden ersetzt.

Stauden, Rosen und Gehölze. Ein Garten besteht nicht nur aus Stauden. Zählen wir einmal nach, dann finden sich Sommerblumen für den Sonntagsstrauß und ein

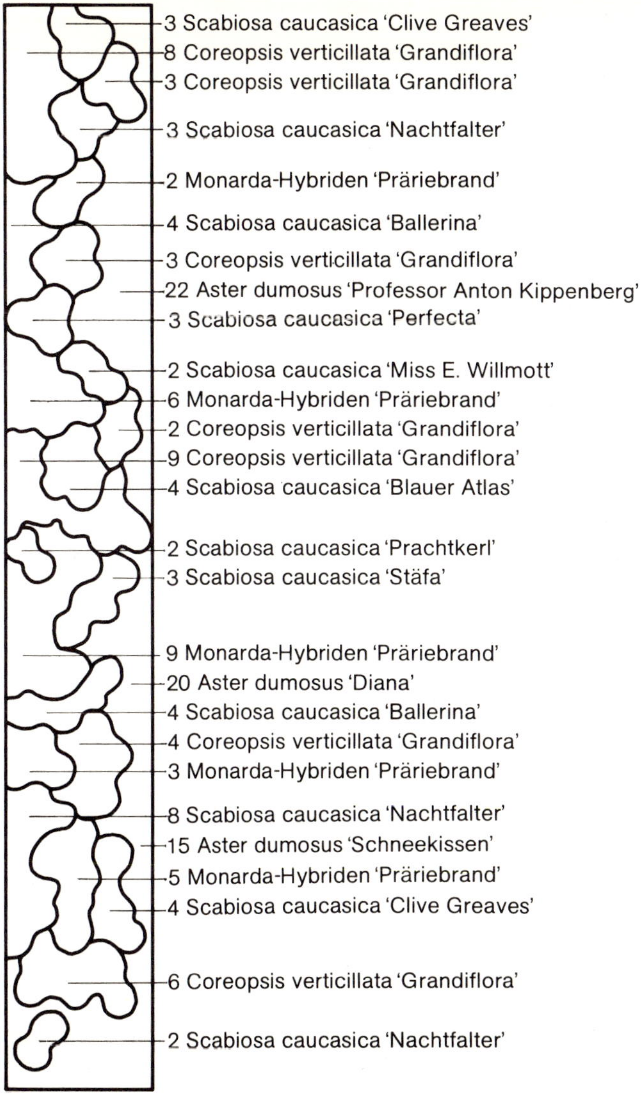

Harmonie in Blau, Rot, Gelb und Weiß.
Beet 11 Meter lang und 1,5 Meter breit.

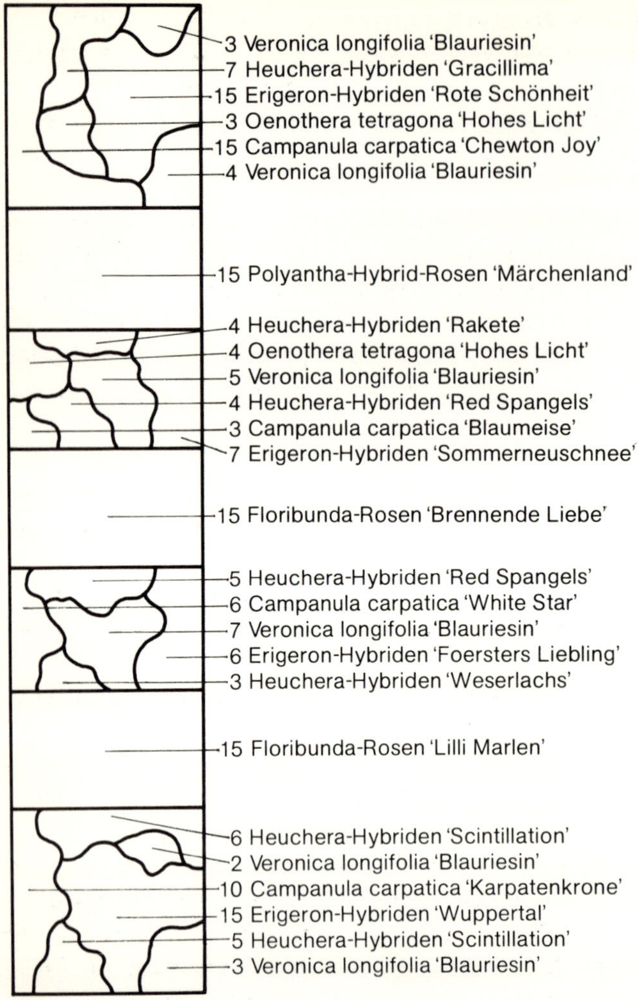

Stauden und Rosen. Beet 10 Meter lang und 2 Meter breit.

Rasen zum Ausruhen, Bäume als Schattenspender und Sträucher als Sicht- und Lärmschutz; Weißkohl wird für die Gemüsesuppe angebaut und die Tomaten fürs Vesperbrot. In dieser »Pflanzengemeinschaft« von Einjahrsblumen, Rasengräsern, Gehölzen und Gemüsearten können wir in Verbindung mit Stauden auch Parkrosen, Strauch- und Kletterrosen, Polyanthahybrid- und Floribundarosen verwenden.

Im Hintergrund einer Staudenrabatte lassen sich an eine Hauswand oder an einem Zaun Kletterrosen pflanzen. Grundsätzlich ist von einer gleichwertigen Mischung von Rosen und Stauden abzusehen. Auf große Rabatten können in Verbindung mit Beetstauden auf einer Fläche von ein bis zwei Quadratmetern Rosen gepflanzt werden. Mit den vorherrschenden Rottönen von Polyanthahybrid- und Floribundarosen lassen sich auffallende Gartenbilder gestalten. Auf gar keinen Fall sollte man die Rosen überbetonen.

Die Park- und Strauchrosen bilden zusammen mit den solitären *Eremurus*-Arten, *Helianthus salicifolius, Macleaya cordata, Buphthalmum speciosum, Inula magnifica* und *Ligularia*-Arten als Abschluß einer Staudenrabatte eine eindrucksvolle Kulisse. Einen guten Zusammenklang ergibt z. B. die Dauerblühende Strauchrosensorte 'Schneewittchen' mit der gelben *Eremurus* × *isabellinus*. Von diesen Vergesellschaftungsmöglichkeiten solitärer Rosen und Stauden geht eine große Wirkung aus.

Auch in Verbindung mit Sträuchern, die als Lärm- und Sichtschutz entlang eines Zaunes angelegt wurden, oder unter schattenspendenden Bäumen können Stauden gepflanzt werden. Man braucht sich nicht zu scheuen, Staudenbeete einer Gehölzpflanzung vorzulagern. Wer mehr über die Schattenstauden erfahren will, sollte im Absatz »Wo Licht ist, ist auch Schatten« nachlesen.

Sommerblumen in guter Gesellschaft. Frisch gepflanzte Stauden benötigen oft lange Zeit, ehe sie die ganze Fläche decken. Diese leeren Zwischenräume lassen sich mit Sommerblumen ausfüllen. Rote und blaue Blütenfarben werden durch die orangegelbe *Rudbeckia hirta* 'Meine Freude' wirkungsvoll unterstrichen. Wenn das Gelb im Überfluß ist, läßt sich durch das Blau des einjährigen *Salvia patens* und *S. farinacea* eine gelungene Kombination herstellen. Ungewöhnliche Erscheinungen auf den Staudenrabatten sind auch der Einjahrsphlox und *Cleome spinosa.* Die blütenlose Zeit auf den Irisbeeten wird mit *Lavatera trimestris, Schizanthus pinnatus* und *Malope trifida* überbrückt, während *Cosmos bipinnatus* auf den Lupinenbeeten den Flor bis zum Oktober verlängert.

Wo Licht ist, ist auch Schatten. Die Artenvielfalt unserer Stauden hat prächtige Schattenblüher hervorgebracht. Auf der Nordseite von Mauern, im lichten Schatten von Bäumen und Sträuchern lassen sich blumenreiche Gartenbilder gestalten.

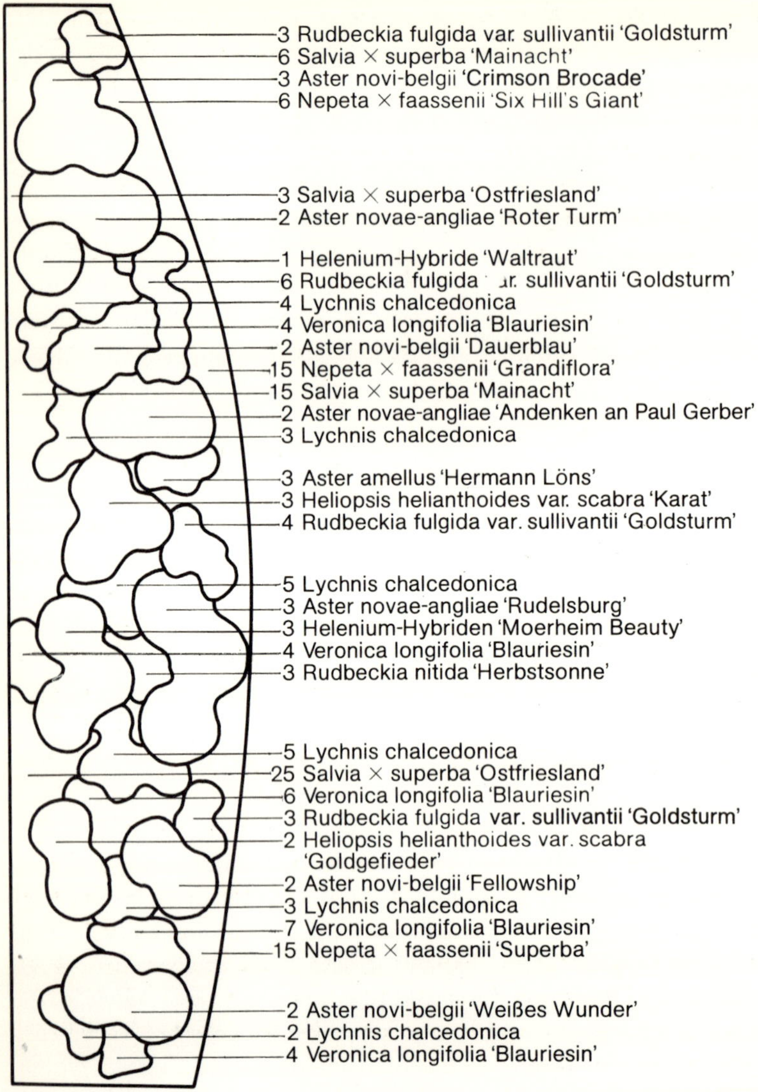

Bunter Staudenflor bis zum späten Herbst. Beet 11 Meter lang, oben 1 Meter breit, Mitte 2,5 Meter breit und unten 2 Meter breit.

Zur Schattenpflanzenauswahl zählen die prachtvollen Astilben, *Lilium hansonii, L. martagon* und *L. speciosum.* Als Begleitstauden sollte man den Herbstanemonen einen bevorzugten Platz einräumen. In diese Gesellschaft fügen sich sehr gut die Silberkerzen ein. Der süße Duft ihrer Blüten lockt ungezählte Schmetterlinge, Bienen und Käfer, Erdhummeln, Wespen und Fliegen an.
Auch der Eisenhut erträgt absonnige Standorte. Auf der Nordseite von Mauern läßt er sich mit der langsporigen Akelei zusammenpflanzen.
In alten Bauerngärten trifft man in Schattenlagen das Tränende Herz mit der Lampionblume und der Gemswurz an. Die Taglilien und Monarden ertragen allenfalls den lichten Schatten oder einen zeitweilig beschatteten Standort, während alle übrigen Beetstauden nur bei voller Sonneneinstrahlung gedeihen.

Abc der Bodenpflege

Der Gartenneuling wird häufig von der Vorstellung geleitet, daß jede Staude einen anderen Boden benötigt. Bei Durchsicht unserer Beetstaudenliste stoßen wir eigentlich nur auf zwei Gattungen, die Astilben und etliche Lilien, die einen sauren Boden lieben. Es ist also möglich, auf wenigen Quadratmetern die verschiedenartigsten Stauden mit unterschiedlicher Herkunft zu pflanzen. Man weiß inzwischen, daß die Gartenstauden in Lößlehm ebensogut gedeihen wie in durchlässigen Sandböden. Deshalb sind wir bei allem Respekt für die Bodenkunde nicht so schnell bei der Hand, wenn es darum geht, Erdrezepte zu verordnen. Ich weiß nicht, was ein armer Gartenbesitzer mit all den Bodenverbesserungsvorschlägen anfangen soll, wenn er nicht über den gehörigen Geldbeutel verfügt, um tonnenweise Sand oder Ackerboden einzukaufen. Daß man die Erde tief umgraben muß und mit Torfmull verbessert, versteht sich von selbst. Damit sich die Staudenwurzeln ungehindert nach allen Seiten ausbreiten können, müssen wir den Boden wenigstens einen Spaten tief bearbeiten.
Wo zehn Jahre Stauden geblüht haben, wird eine neue Staudengeneration wenig Humus und ein Nährstoffdefizit vorfinden. Der Boden ist staudenmüde. Sollte einem Boden vieles fehlen, was die Stauden brauchen, dann helfen wir durch maßvolle Humus- und Nährstoffgaben.
Unkrautflor im Staudengarten. Vor jeder Bodenverbesserung sollten wir auf vorhandene Wurzelunkräuter achten. Beim Umgraben werden von den Quecken, Ackerwinden, dem Hahnenfuß und dem Giersch die Rhizome sauber herausgelesen.
Das aufdringlichste Unkraut, das sich nicht scheut, sich zwischen den Wurzeln von Stauden in unsere Gärten einzuschleichen, ist unter den Namen Giersch, Geißfuß

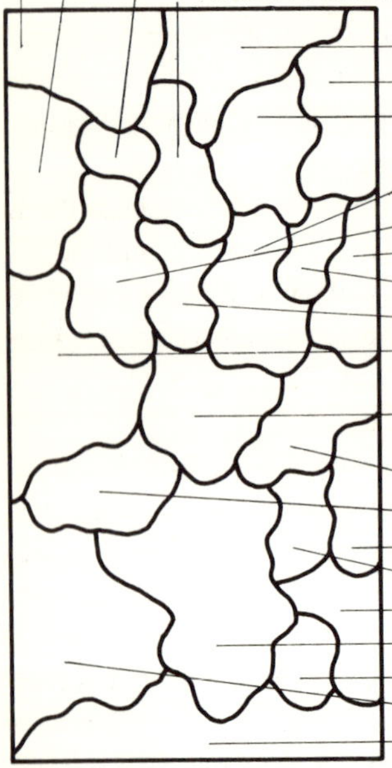

Schattengarten bunt bepflanzt. Beet 6 Meter lang und 3 Meter breit.

und Zipperleinskraut, *Aegopodium podagraria,* bekannt geworden. Sofern man es gewähren läßt, überwuchert es ganze Staudenrabatten. Wo immer dieses Zipperleinskraut erscheint, wird man seiner nur mit dem Spaten Herr. Auf den befallenen Flächen müssen die Stauden ausgegraben, die Rhizome mühsam zwischen den Staudenwurzeln ausgelesen und die Staudenrabatte gesäubert werden. Die Quekken, Ackerwinden und der Hahnenfuß sind, gemessen an diesem Wurzelkriecher, noch harmlose Gartenbewohner.

Kein Garten ohne Torf. Für eine Staudenrabatte, die angelegt oder neu gepflanzt wird, gibt es kein besseres Bodenverbesserungsmittel als Torfmull. Von den Torflagern der norddeutschen Tiefebene, den Vorgebirgs- und Alpenmooren wird er in Ballen und Säcken geliefert. Torf in seiner reinen Form kommt aus steuerlichen Gründen unter dem Namen Düngetorf in den Handel. Er enthält jedoch keine pflanzenverfügbaren Nährstoffe. Für die Bakterien ist er zwar eine Humusnahrung, als Düngemittel jedoch nicht zu gebrauchen. Wer mit dem Torf auch Nährstoffe zuführen will, gibt seinem Boden eine Vorratsdüngung oder Torfmischdün-

ger, die unter den Firmenbezeichnungen Huminal, Super-Manural, TKS, Nettolin, Wichtel oder Biohum im Handel erhältlich sind.
Bei der Anlage von Staudenbeeten sollte der Boden gut mit Torf angereichert werden. Über eine Fläche von 100 m² (1 Ar) guten Gartenboden verteilt man mindestens drei Ballen Torf. In sehr schweren und extrem leichten Böden werden bis zu zehn Ballen gut mit dem Boden vermischt. Bei der Verwendung von Torfmischdüngern gibt man nur die Hälfte, und dazu die gleiche Menge Torf.
Wenn wir unter eine trockene Gartenerde Torfmull mischen, ist es unerläßlich, dem Torf das nötige Wasser mitzugeben. Trockener Torf kann das Zehnfache seines Eigengewichtes aufnehmen. Andernfalls entzieht er dem Boden die Feuchtigkeit, was sich auf das Wurzelwachstum unter Umständen sehr schlecht auswirken kann. Der Torfmull ist also in der Lage, wie ein Schwamm Feuchtigkeit aufzunehmen, Nährstoffe festzuhalten und den Boden zu durchlüften.
Wunderdroge Kompost. Utopisches Wunschdenken oder Wirklichkeit? Wer es besonders gut mit seinen Stauden meint, reserviert für den Kompost einen kleinen Platz im Garten, auf den man Kartoffelschalen, Gemüseabfälle, den Kehricht aus dem Staubsauger und das Mähgut vom Rasen, Knüllpapier, Laub, Unkraut, Stalldung, Stengel und Blätter zu Erde machen kann. Der Komposthaufen wird in 80–120 cm Höhe aufgesetzt und wenigstens einmal im Jahr umgesetzt. Nach dreijähriger Lagerung hat man eine gute Komposterde zum Abdecken der Staudenbeete. Wem es zu lange dauert, kann aus den neuzeitlichen Kompostsilos nach wenigen Monaten reifen Kompost entnehmen. Mit der Zeit merkt man erst, wie nützlich diese Erde ist. Nach Jahren entsteht ein Vorrat an Kompost, mit dem man den ganzen Garten versorgen kann; die Stauden werden mit hochwertigem Humusdünger versorgt, und an eine Bodenmüdigkeit ist nicht mehr zu denken.
Das Erfolgsrezept heißt: Vorratsdüngung. Die Zauberformel »Vorratsdüngung« wurde im vorletzten Kapitel schon einmal gebraucht. Darunter verstehen wir eine Volldüngergabe von 50 g Nährsalz auf einen Quadratmeter. Die Düngesalze werden vor dem Pflanzen gleichmäßig über die Staudenbeete verteilt und eingeharkt.
In bezug auf den Kalkgehalt des Bodens gibt es unter den Gartenstauden nur geringfügige Unterschiede. Die meisten Arten und ihre Sorten gedeihen auf gut mit Nährstoffen und Humus versorgten Böden mit einem ausgeglichenen Kalkgehalt. Man wird allerdings nie eine kalkliebende *Aster amellus* zu Astilben setzen oder die Madonnen- und Königslilien in Gemeinschaft mit den Goldband- und Prachtlilien pflanzen. Denn die einen bevorzugen einen mehr oder weniger kalkhaltigen Boden, während die anderen in saurer Erde wachsen.
Das Erfolgsrezept kann natürlich auch »Organdüngung« heißen. Nur mit dem frischen Mist ist es so eine Sache, wenn er unvergoren an die Staudenwurzeln gelangt.

Wer wird gleich so ungeschickt sein und frischen Roßmist vom nächsten Reitstall, Hühnermist aus einer Eierfabrik oder gar Taubenmist beim Pflanzen der Stauden mit eingraben? Sie finden allenfalls über den Kompost den Weg auf die Staudenbeete. Weniger aggressive Stalldünger können im Herbst als Schutz gegen die Kahlfröste und als Nährstofflieferant zwischen den Stauden ausgebracht werden. *Kraft aus Horn und Knochen.* Wenn schon organisch gedüngt werden soll, dann können wir auch Blutmehl, Hornmehl, Horngrieß, Hornspäne, Knochenmehl, Oscorna-Animalin oder Cornahum nehmen. Nur sollten wir bei der Anwendung dieser organischen Düngemittel daran denken, daß sie zwar viel Stickstoff oder ausreichend Phosphor, jedoch kein Kali enthalten, also jenen Nährstoff, der zum Ausreifen und gegen den Schädlingsbefall der Stauden so dringend benötigt wird. Wenn wir mit diesen Organdüngern den Boden bevorraten, müssen wir bei strikter Ablehnung jeder chemischen Zusätze kalireiche Laub- oder Nadelholzasche in den Garten streuen. Die Laubholzasche enthält immerhin 6–35 % Kali, 2–11 % Phosphat, 18–40 % Kalk und 10–16 % Magnesia. Beim Nadelholz liegen die Prozentzahlen ähnlich; ihre Asche enthält 6–16 % Kali, 2–7 % Phosphat, 25–45 % Kalk und etwa 8 % Magnesia. In jedem Fall hat sich eine Grunddüngung auf organisch-mineralischer Grundlage in Form von 50 g Hornspänen, 40 g Knochenmehl und 30 g schwefelsaurem Kalimagnesia (Patentkali) je Quadratmeter gut bewährt. Eine organisch-mineralische Volldüngung kann auch mit Fimus, Häussermann-Dünger, Organat, Hornoska, Kama-Orka, Manna-Spezial oder Lützel-Gartendünger durchgeführt werden. Auf einen Quadratmeter rechnen wir 100–150 g, was 10–15 kg je Ar entspricht.

Stauden treffen ein

Noch ehe die Stauden per Post oder Bahn in unsere Hände gelangen, werden sie in den Staudengärtnereien sorgfältig auf den Versand vorbereitet. Bei der Ankunft dürfen sie nicht in der Verpackung liegen bleiben. Man packt sie sofort in einer schattigen und windgeschützten Gartenecke aus. Stauden, die auf dem Transport ausgetrocknet sind, werden in Wasser getaucht, mehrmals überbraust oder mit einem feuchten Tuch bedeckt. Wenn noch nicht sofort gepflanzt werden kann, schlagen wir sie in eine torfhaltige Erde ein. Stauden, die Gelegenheit haben, in Torfmull zu wurzeln, halten beim Herausnehmen einen guten Ballen; die Wurzeln werden nicht abgerissen, und die Pflanzen können ohne Störung weiterwachsen. *Gewußt wie gepflanzt wird* ist bei manchen Arten von großer Bedeutung. Die flach unter der Erdoberfläche sitzenden Überwinterungsknospen der Schwertlilien, Tränenden Herzen und der Pfingstrosen dürfen nicht zu hoch mit Erde bedeckt wer-

Es ist zweckmäßig, mit einem Handspaten zu pflanzen.

den. Die Pflanzen sind sonst sehr blühfaul, faulen oder sterben gar ab. Gegen ein zu tiefes Pflanzen sind auch die Bergastern, der Sommerphlox, der Rittersporn, die Madonnenlilien und die Sonnenbraut empfindlich.

Stauden, die ohne Erdballen geliefert werden, erhalten unmittelbar vor der Pflanzung einen Wurzelschnitt. Lange Faserwurzeln werden mit einem scharfen Messer oder einer Schere bis auf Handbreite zurückgenommen. Die fleischigen Wurzeln der Lupinen, Pfingstrosen oder des Türkischen Mohns schneidet man nur um ein Drittel zurück. Unter Umständen genügt auch ein Glattschneiden der verletzten Wurzeln.

Es ist zweckmäßig, mit einer Pflanzkelle den Wurzeln so viel Platz zu schaffen, daß sie nach allen Seiten verteilt gleichmäßig mit Erde umgeben sind. Nach dem Andrücken müssen die Stauden so hoch stehen wie an ihrem alten Platz. Je fester wir die Pflanzen mit den Händen andrücken und je gründlicher wir wässern, um so besser wird das Anwachsergebnis sein. Wenn man zum Abschluß das ganze Staudenbeet fingerdick mit Torfmull abdeckt, wird eine Verkrustung verhindert, der Boden wird feucht, locker und luftig gehalten; der Torf hält den Unkrautwuchs zurück, und die Stauden frieren nicht so leicht hoch.

Gewußt wann gepflanzt wird ist bei Stauden, die in Töpfen herangezogen werden, sehr einfach zu beantworten. Wenn der Boden nicht gerade zugefroren ist, kann man sie im späten Herbst ebenso wie im frühen Frühjahr und Sommer auf die Staudenrabatte setzen.

Wenn der Frost aus dem Boden ist, können wir Stauden ohne Topfballen bis Anfang Juni pflanzen. Wer im Herbst seinen Garten umgestaltet, kann im September/Oktober Staudenrabatten anlegen. Die Pflanzen haben dann noch Zeit, vor Einbruch des Winters Wurzeln zu bilden.

Verschiedene Stauden, wie die Sommermargeriten, die Bergastern und *Erigeron*-Sorten, die Skabiosen und Sonnenblumen, die Gräser, Kniphofien und Monarden, sollten nur im Frühjahr gesetzt werden. Dagegen dürfen wir die Lilien und Steppenkerzen, die Pfingstrosen und die Schwertlilien nur im Hoch- und Spätsommer pflanzen.

Gewußt wie weit gepflanzt wird läßt sich mit einem Satz beantworten: Von den niederen Arten passen auf einen Quadratmeter 6–12 Pflanzen, von den mittelhohen Arten 3–6 Pflanzen und von den ganz hohen Arten 2–3 Pflanzen.

Viele Anfänger pflanzen zu viel und zu eng in den Garten. Doch die Stauden wachsen mächtig, und nach einem Jahr ist die Rabatte gefüllt. Nach zwei Jahren herrscht eine so beängstigende Fülle, daß schwache Stauden im Schatten kümmern und hohe Stauden vor Überfüllung in die Höhe getrieben werden. Man ärgert sich und rückt den ungestümen Wachsern mit dem Spaten zu Leibe. Im dritten Jahr muß dann ein Teil der Stauden heraus, nur weil man im Übereifer nicht auf den Gärtner gehört hat.

Stauden gut gepflegt

Für jeden Garten ist von Übel, wenn er sich selbst überlassen wird. Er verunkrautet, und die Pflanzen zeigen einen Pflegezustand, der nichts Gutes erwarten läßt. In der Praxis ist es also nicht möglich, den Pflanzen immer ein Optimum an Entwicklungsmöglichkeiten zu geben. Das mag am Wetter, an den Licht- und Bodenver-

Links: Wenn wir Salvia × superba sofort nach der Blüte zurückschneiden, blühen sie unermüdlich bis zum Herbst. Rechts: Wenn man die verblühten Goldgarben nach dem dritten oder vierten Blatt herausschneidet, hören sie mit dem Blühen gar nicht mehr auf.

hältnissen oder einfach an der mangelnden Zeit liegen. Um den Flor über den ganzen Sommer auszudehnen, verlangen viele Stauden eine sorgfältige Behandlung. Die Pflegearbeiten können je nach Größe des Gartens mehrere Stunden in der Woche in Anspruch nehmen. In der Eile eines Früh- oder Spätsommertages ist es einfach nicht möglich, eine ganze Staudenrabatte in Ordnung zu halten. Eine gewisse Beschäftigung mit den Pflanzen ist unumgänglich. Wer die nötige Zeit hat, kann sich nicht über die Undankbarkeit von Stauden beklagen. Die vielen Stunden des Grabens und Jätens und Gießens und Düngens und des Kampfes gegen Krankheiten und Schädlinge sind vergessen, wenn die Staudenrabatte in Blüte steht.

Gut gestäbt und gut beringt im Staudengarten zu stehen, ist nicht immer schön. Wie in ein Korsett gepreßt, umschlingen Schnüre und Drahtreifen die Pflanzen-Taillen. Holzstäbe und gewichtige Pfosten stehen neben den Stauden, als gälte es, einen großen Baum zu stützen. Freilich werden bei starken Regengüssen und heftigen Stürmen die hohen Stauden oft zu Boden gedrückt. Um sie vor dem Auseinanderfallen zu bewahren, müssen besonders diese hohen Stauden früh genug zusammengebunden werden.

Bei einigen Stauden ist es möglich, mit Schere und Messer das Stützen, Stäbeln und Zusammenbinden zu sparen. Wenn Ende Juni/Anfang Juli die Rauh- und Glattblattastern um ein Drittel bis zur Hälfte, die späten *Helenium*-Sorten im Juni auf die halbe Höhe und der Sommerphlox beim Erscheinen der Blütenknospen um Handbreite eingekürzt werden, ist ein Auseinanderfallen nicht mehr zu befürchten. Für die gestutzten Stauden gibt es zwar einen verspäteten Frühling, was bei einem Überangebot an Sommer- und Herbstflor jedoch häufig begrüßt wird.

Mit Schere und Messer lassen sich einige Stauden ein zweites Mal zum Blühen bringen. Die Natur durch allerlei Tricks zu überlisten, geben uns die Gartenstauden fast täglich Gelegenheit. Mit der Zeit sollten wir wissen, welche Stauden einen Rückschnitt lieben, bei welchen ein Samenansatz schädlich sein kann, und wo eine zeitweilige »Maniküre« angebracht ist.

Wenn bei Rittersporn, Sommermargeriten und *Erigeron*-Sorten, Lupinen und Sommersalbei eine Nachblüte gewünscht wird, nimmt man die Pflanzen nach dem ersten Flor auf Handbreite über die Erde zurück.

Bei Goldgarbe, *Heliopsis,* Skabiose, Sonnenblume und Margerite müssen die abgeblühten Einzelblumen herausgeschnitten werden. Der Samenansatz schwächt die Pflanzen, und die Seitenblüten können sich nur unvollkommen entwickeln. Eine Selbstaussaat des Sommerphlox und der Goldruten verhindern wir durch ein rechtzeitiges Ausschneiden der Fruchtstände. Die Sämlinge siedeln sich sonst am Fuße ihrer Eltern an und entwickeln sich zu unerwünschten Konkurrenten.

Überhaupt sehen die vielen Stauden nach der Blüte sehr unordentlich aus. Im Herbst werden deshalb die Staudenbeete gründlich gereinigt. Die vergilbten Stengel schneidet man über dem Erdboden ab und bringt sie auf den Komposthaufen. Entfernen der Samenstände, Abschneiden von vergilbten Blättern und Ausputzen der Staudenbeete, wo erforderlich. Und wie gesagt, von der Schere Gebrauch machen, wo es zur Schönheitspflege unumgänglich ist.

Mit Hacken und Handkultivatoren gegen das Unkraut anzukämpfen, ist nur in den ersten Jahren möglich. In einer dichten Staudenpflanzung sind es allenfalls noch der Giersch und die Quecken, die sich hartnäckig zwischen den Wurzeln halten. Nicht die Hacke, sondern der Spaten ist hier die Lösung. Durch ein Hochheben

der Stauden und Auslesen der Rhizomstücke können die Beete von diesen lästigen Wurzelunkräutern gereinigt werden.
Der Kompost und der Stalldung sind so bespickt mit Unkrautsamen, daß die Melden und Vogelmieren, der Löwenzahn und Wegerich, das Hirtentäschel- und Franzosenkraut, Einjähriges Rispengras und Greiskraut auf der Staudenrabatte fröhlich Urständ feiern. Wenn es so grünt und sprießt, ist man gezwungen, mit Hacken und Handkultivatoren den Boden zwischen den Gartenstauden offen zu halten. Das Unkrautjäten läßt nach, wenn wir das Mulchen als Bodenpflege anwenden. Unter einer fingerstarken Torfschicht bleibt die Oberfläche locker und der Unkrautwuchs hält sich in Grenzen. Viele Beetstauden decken ohnehin nach einem Jahr den Boden so dicht, daß man kaum noch zu jäten braucht.
Die chemische Hacke ist zwischen den Gartenstauden ziemlich riskant. Wenn die Rabatten nur wenige Quadratmeter in Anspruch nehmen, greifen wir lieber zur Handhacke und überlassen die sogenannten Herbizide den Berufsgärtnern. Allenfalls können wir mit dem Spezial-Unkrautbekämpfungsmittel »Tenoran« flachkeimende Pflanzen erfassen wie Ackergauchheil, Ackerhundskamille, Melde, Gänsefuß, Ackerschöterich, Ackerhohlzahn, Pfennigkraut, Klatschmohn, Hirtentäschel, Franzosenkraut, Kohlportulak, Hederich, Einjähriges Knäuelkraut, Greiskraut und Vogelmire, Ackersenf, Ackerspörgel, Kleine Brennessel und Ehrenpreis im Keimblattstadium. Wenig oder kaum bekämpfbar sind alle aus größerer Tiefe keimenden Samen- und Wurzelunkräuter.
Etwa 14 Tage nach dem Pflanzen werden 70–80 g Tenoran in 15 l Wasser auf 100 m^2 bei Temperaturen unter 25 °C mit einer Spritze ausgebracht. Wenn die ersten Unkräuter auflaufen, empfiehlt sich die Anwendung bei folgenden Stauden: *Achillea filipendulina,* Eisenhut, Japanische Anemone, Akelei, *Aster amellus, A. dumosus, A. novae-angliae* und *A. novi-belgii,* Bergenie, *Campanula persicifolia* und *C. portenschlagiana, Chrysanthemum coccineum* und *C. maximum, Coreopsis verticillata,* Dahlie und Tränendes Herz, *Erigeron*-Hybriden und Gladiolen, *Heliopsis* und Christrose, Taglilie und *Heuchera*-Arten, *Inula royleana* und Schwertlilie, *Liatris spicata, Ligularia dentata* und Lilie, bei *Macleaya cordata* und *Monarda didyma, Physostegia virginiana, Rudbeckia fulgida* und *R. nitida,* Kaukasusskabiose und Goldrute.

Wunderdroge Dünger

Zu den vielen Künsten des Gärtnerns gehört auch das Düngen. Wenn sich die hochgezüchteten Gartenstauden zum Blühen vorbereiten, sollten wir sie nicht einfach hungern lassen. Es ist erstaunlich, wie guternährte Pflanzen zu dichten Horsten heranwachsen und unermüdlich blühen. Alles, was nicht nur mit Gefühl, sondern auch mit Verstand gemacht wird, führt zum sicheren Erfolg. Aus diesem Grunde sollten wir den Dünger wohldosiert in harmonischer Nährstoffzusammensetzung geben. Denn guternährte Gartenstauden sind widerstandsfähiger gegen Krankheiten und Schädlinge; ihre Vitalität und Lebensdauer, Standfestigkeit und Blütenhaltbarkeit wird verbessert. Jährlich wiederkehrende Pflanzen haben einen hohen Nährstoffentzug. In den drei, fünf oder gar sieben Jahren, in denen sie unverpflanzt im Garten stehen, verrichten sie Schwerarbeit. Der Aufbau ihres gigantischen Stengelwerkes, das jeden Herbst abgeschnitten wird, läßt sich im nächsten Jahr nur mit Unterstützung großer Düngermengen wieder aufbauen.

Nahrhafte Kunstprodukte sind Nährsalze, die auch als »Kunstdünger« bezeichnet werden. Was sind nun diese Nährsalze? Meist Volldüngemittel, die sich aus den drei Hauptnährstoffen Stickstoff, Phosphor und Kali zusammensetzen. Zu den Hauptnährstoffen gehört auch Kalk. Er wird in größeren Mengen kaum vertragen, außerdem bringt das Gießwasser häufig so viel Kalk in den Boden, daß es für die Gartenstauden reicht. Von den einschlägigen Fachgeschäften werden unter den Firmenbezeichnungen »Nitrophoska blau extra«, »Rustica blauspur« und »Complesal Blaukorn« chloridarme bis -freie Volldünger für die Staudenernährung angeboten. Die chloridarmen bis -freien Volldünger sind vielfach an ihrer blauen Färbung zu erkennen. Die Bezeichnung »Blaudünger«, stellvertretend für die Nennung dieser drei Volldünger, wird uns nun laufend begegnen. Eine ganze Reihe von diesen Volldüngemitteln enthält auch Mikronährstoffe (Spurenelemente). Meist handelt es sich um Bor, Mangan, Kupfer, Molybdän, Zink und Kobalt, die von den Pflanzen in Spuren aufgenommen werden.

Die Kenntnis über den Prozentgehalt an Stickstoff, Phosphor und Kali ist für die Staudendüngung von großer Bedeutung. Die chemische Industrie hat sich bei der Zusammensetzung der Volldünger dem Nährstoffbedürfnis der Pflanzen angepaßt. Es kommt also wirklich darauf an zu wissen, welche Nährstoffmengen in Nitrophoska blau extra, Rustika blauspur oder Complesal Blaukorn enthalten sind. Sie liegen bei 12 % Stickstoff, 12 % Phosphor und 17 % Kali. Wenn wir diese Nährstoffmengen zusammenzählen, kommen wir auf einen Gesamtnährstoffgehalt von 41 %. Damit sich diese Kraft sehr bald in Blätter und Blüten umsetzt, sollten wir beim Einkauf von Volldüngern darauf achten, daß ein Teil oder alle Nährstoffe wasserlöslich sind.

So natürlich wie möglich ist eine Modeströmung, auf der jeder mitschwimmen kann, der glaubt, ohne Blutmehl, Hornspäne, Knochenmehl, Guano oder getrockneten Hühnerdünger nicht auszukommen. Mit diesen organischen Düngemitteln kann man vieles gut und manches schlecht machen. So gänzlich falsch, daß die

Gartenstauden gleich daran sterben, wird es jedoch niemals sein. Wir sollten nur daran denken, daß man die stickstoffhaltigen Mittel Hornmehl, Horngrieß und Hornspäne allenfalls nur dort anwenden darf, wo ein starkes Pflanzenwachstum gewünscht wird. Mit dem phosphathaltigen Knochenmehl läßt sich in erster Linie der Blütenansatz unterstützen, während wir mit dem Guano, den Humusdüngern aus Geflügelkot und Torf, getrocknetem Geflügeldünger und Entöltem Rizinusschrot neben dem Stickstoff und dem Phosphor auch etwas Kali in den Boden bringen. Bei einer Organdüngung sind Verbrennungen, wie sie bei unvorschriftsmäßiger Anwendung von Nährsalzen auftreten können, nahezu ausgeschlossen.

Dort, wo unsere Gartenstauden mit ihren Wurzeln gegenseitig in Konkurrenz stehen oder in der Nähe stark zehrender Gehölze gepflanzt wurden, können sie durch eine organische Frühjahrsdüngung eine Zusatznahrung erhalten. Zum Abdecken der Staudenrabatten lassen sich auch Stalldung, Torfdünger oder Komposterde zwischen den Pflanzen ausbreiten. Nur Fäkalien sollten wir aus hygienischen Gründen beiseite lassen.

Umgang mit dem Dünger bedeutet, zum richtigen Zeitpunkt wohldosierte Gaben zu verabreichen. Im Frühjahr kann man nach dem Abtrocknen des Bodens die Düngermengen zwischen den Pflanzen ausstreuen. Der günstigste Zeitpunkt ist zwischen Ende April und Mitte Mai, wenn die Hochblüte des Frühjahrsflors erreicht ist. Nach diesem Datum sollten wir nur noch in Ausnahmefällen bis Mitte Juli düngen. Einseitige Stickstoffgaben, die später verabreicht werden, bergen immer die Gefahr in sich, daß die Rhizome und Wurzelstöcke unausgereift in den Winter gehen.

Jede Gartenstaude verlangt eine ganz bestimmte Nährstoffmenge. Während sie bei unseren *Erigeron*-Hybriden bei 40 g Blaudünger je Quadratmeter liegt, benötigen die hohen Sommerphloxe und der Rittersporn bis zu 250 g je Quadratmeter. Man streue jedoch niemals mehr als 50 g auf einmal. Lieber gebe man in vierzehntägigen Abständen eine zweite, dritte oder vierte Nachdüngung. Besonders auf sehr leichten Sandböden sind größere Düngermengen aufgeteilt in mehreren Gaben nachzureichen.

Jede Staude hat in den einzelnen Wachstumsphasen ein ganz spezifisches Nährstoffbedürfnis. Während beim Austrieb der Stickstoff im Vordergrund steht, verlangen sie zur Blütenbildung mehr Phosphor und Kali. Für jeden Monat und jede Wachstumsphase die entsprechenden Nährsalze zu geben, wäre viel zu umständlich. Wir können unseren Stauden nur insoweit entgegenkommen, daß im Frühjahr stickstoffreiche und im Frühsommer stickstoffarme Volldünger verwendet werden. Den Typ des stickstoffreichen Volldüngers stellt das Poly-Crescal (crescere = wachsen) und den Typ des stickstoffarmen, dafür aber phosphor- und kalireichen

Volldüngers stellt das Poly-Fertisal (fertilis = fruchtbar) dar. Diese restlos wasserlöslichen Volldünger werden sofort mit dem Gießwasser von den Pflanzen aufgenommen. Ende April können wir also mit dem wachstumsfördernden Poly-Crescal düngen, während im Mai oder Juni das Poly-Fertisal einen guten Aufbau, die Schädlingsresistenz, den Blütenknospenansatz und die Ausreife fördert. Zusammen verwendet, kommen das Poly-Crescal und Poly-Fertisal im Nährstoffverhältnis dem Nitrophoska blau extra, Rustika blauspur und Complesal Blaukorn sehr nahe. Je hochprozentiger ein Volldünger ist, um so vorsichtiger muß er angewendet werden. Wenn wir z. B. von den genannten Volldüngern mit einem Gesamtnährstoffgehalt um 40 % auf einen Quadratmeter 50 g verabreichen, genügt von dem 70 %igen Pflanzennährsalz »Staufen« die halbe Menge.
Ich weiß nicht, ob jeder Feierabendgärtner neben dem Düngesack eine Briefwaage stehen hat, um die angegebenen Düngerezepte nach Gramm und Pfund zu erfüllen. In der Kleingärtnerpraxis sieht es nun einmal anders aus als in den gärtnerischen Versuchsanstalten, wo der Nährstoffbedarf von Pflanzen mit der Präzisionswaage abgestimmt wird. Es ist auch selten, daß jemand den Zollstock zur Hand nimmt, um die Quadratmeter genau zu berechnen. Mit den Siebenmeilenstiefeln werden die Quadratmeter abgeschritten und die Hand oder ein alter Eßlöffel als Düngemaß genommen. Einmal abgewogen, hat man die Menge bald im Griff.
Zahlreiche Volldünger kommen heute gekörnt in den Handel. Mit einigem Geschick kann man sie so streuen, daß die Körner zwischen den Pflanzen zu Boden fallen. Da es sich meist um Nährsalze handelt, sind auf den regennassen Blättern Verbrennungen zu befürchten. Alle Düngemittel, die auf den Pflanzen liegenbleiben, spritzen wir nach dem Ausstreuen mit Wasser ab. Und wenn wir den Schlauch etwas länger laufen lassen, werden die wasserlöslichen Volldünger sofort mit dem Gießwasser in den Wurzelbereich der Pflanzen geschwemmt. Wer seine Stauden gleich flüssig düngen will, löst in einer 10-Liter-Gießkanne 50 g Nährsalz auf und verteilt die Düngerlösung auf die empfohlenen Quadratmeter. Es schadet auch nichts, wenn wir an Stelle der Nährsalze einen Organdünger nehmen. Ich habe nur Bedenken, die Stauden nach Mitte des Sommers einseitig mit Nährstoffen zu versorgen. Das Blut- und Hornmehl, der Geflügel- und Pferdemist sind so mit Stickstoff übersättigt, daß die Stauden unausgereift im Winter erfrieren.
Was kostet nun dieser ganze Düngespaß? Wer es einmal genau wissen will, kann sich den Kilopreis auf 10 oder 100 m^2 Staudenfläche umrechnen. Wenn wir in einer Mischpflanzung ein Mittel von 100 g Nitrophoska blau extra pro Quadratmeter annehmen, wendet man bei einem Kilopreis von DM 0,50 ganze fünf Deutsche Pfennige für ein Jahr auf.

	Werte in Prozent					Werte in Gramm			
	N	P_2O_5	K_2O	MgO	CaO	gestrichener Eßlöffel	gehäufter Eßlöffel	geschlossene Handvoll	Handvoll
Mineralische Dünger									
Nitrophoska blau extra	12	12	17	2		20	35	50	100
Rustica blauspur	12	12	17	2		20	35	50	100
Complesal Blaukorn	12	12	17	2		20	35	50	100
Poly-Crescal	14	10	14	0,7		10	25	30	65
Poly-Fertisal	8	14	18	0,7		10	40	50	100
Kalimagnesia (Patentkali)			26–30	9		25	50	75	150
Kohlensaurer Kalk					45–53	20	50	40	80
Organische Dünger									
Hornspäne	14					10	20	35	100
Knochenmehl entleimt		30				15	35	50	150
Blutmehl	10–12					10	25	30	100
Guano	6	12	2			15	50	70	150
Rizinusschrot	6	2,5	1,5			10	25	45	90
Manna-Spezial	7	7	9	1		20	30	50	70
Oskorna-Animalin	6	9	1–2			10	30	45	100

Kein Leben ohne Wasser

Wenn es im Frühjahr wärmer wird, müssen wir den Wasserschlauch bereitlegen. Denn an heißen Tagen dürfen unsere Stauden nicht dursten. Ballentrockene Pflanzen, die im Knospenstadium stehen, bilden nur dürftig Blüten oder ihr Flor ist von kurzer Dauer. Damit die × mal 100 l Wasser, die an heißen Sommertagen Wurzel und Blätter aus dem Boden pumpen, wieder ersetzt werden, empfiehlt es sich, eine Sprühschlange zwischen die Stauden zu legen. Im Abstand von 15 cm tritt aus feinen Öffnungen das Wasser aus und durchfeuchtet den Boden. Derartige Tröpfelschlangen lassen sich auch aus Gartenschläuchen herstellen. Mit Hilfe einer glühenden Stricknadel werden in Abständen von 15–30 cm Löcher in die Schläuche gebrannt. Wer hat schon die Zeit, eine ganze Staudenrabatte mit der Kanne zu gießen! Denn viele Beetstauden haben ein so großes Wasserbedürfnis, daß man nur noch mit Hilfe von Wasserschläuchen und Regenanlagen eine Rabatte durchdringend gießen kann. Die ersten Pflegearbeiten nach der Pflanzung sind ohnehin das Wässern. Es muß ständig nachgesehen werden, ob die Stauden Wasser brauchen. Die Astilben und Trollblumen wollen ohnehin sehr feucht stehen, und die herbstblühenden Rauh- und Glattblattastern würden bei Wassermangel erst gar nicht aufblühen.

Ungebetene Gäste

In unseren Gärten treibt sich so manches Ungeziefer herum. Einige Beetstauden machen uns Sorgen, denn sie sind den Insekten- und Pilzinvasionen wehrlos ausgesetzt. Es ist wie mit den Unkräutern. Wer kann sie schon alle aufzählen, angefangen von den Welkekrankheiten, den Echten und Falschen Mehltaupilzen, Älchen, Blattläusen, Blattwanzen und Raupen, den Engerlingen, Wühlmäusen und was es sonst noch alles über und unter der Erde an Staudenfeinden gibt. Wenn wir es auch widerstrebend wollen – oft können wir uns nur noch mit Giften erwehren. Vielleicht muß das alles so sein, denn was heute an geprüften Staudenneuheiten angepriesen wird, hat einen erfolgreichen Resistenztest gegen Krankheiten und Schädlinge durchlaufen. Wir sollten uns angewöhnen, nur die besten Sorten zu kaufen. Bei einem kleinen Mehr an Geld können wir uns dann die Kosten für teure Schädlingsbekämpfungsmittel sparen.

Einen Teil des Pflanzenschutzes überlassen wir ohnehin den natürlichen Feinden. Die Meisen sind im Auffinden von Blattlauseiern wahre Meister. In älteren Blattlauskolonien weisen stark aufgeblähte tote Tiere auf das Vorhandensein von Blattlaus-Schlupfwespen hin. In größeren Blattlauskolonien trifft man auf die Marienkäfer und ihre Larven, die Florfliegen und ihre Larven und die Schwebefliegenlarven. Wer den Pflanzenschutz nützlichen Vögeln und Insekten überläßt, darf mit keiner Giftspritze anrücken. Als Dank für unsere gefiederten Gartenbewohner sollten wir ein Vogelbad aufstellen und sie so lange durch den Winter füttern, bis sie wieder genügend Blattläuse und Raupen als Nahrung finden.

Schach den Pilzen – daran sollten wir immer nach Regentagen denken. Völlig ungestört werden vom Wind die Sporen der Mehltau- und Rostpilze, der Blattfleckenerreger und des Grauschimmels auf die Blätter der Stauden getragen. Bei hoher Luftfeuchte wachsen die Pilze so schnell, daß man alles stehen und liegen läßt, um den schädlichen Pilzbelägen mit einer Giftspritze zu Leibe zu rücken. Viele dieser Pilze sind gar nicht so wählerisch. Den mehlig-weißen Belag der Echten Mehltaupilze findet man auf den Blättern aller möglichen Stauden, seien es Goldgarben oder Sommermargeriten, Rittersporn oder *Erigeron*-Sorten, Sonnenbraut oder Staudensonnenblumen, Lupinen, Sommerphlox, Rudbeckien oder Goldruten. Die für Blattfleckenkrankheiten anfälligen Gartenstauden werden wir vor den braunen oder schwarzen Flecken ebenso bewahren wie die rostgefährdeten Stauden vor den braunen Pusteln an den Blättern.

Über die gefürchteten Pilze und deren wirksame Bekämpfung brauchen wir uns bei der Fülle ungiftiger und zugleich bienenungefährlicher Fungizide keine Sorgen zu machen. Gegen die Blatt- und Brennfleckenkrankheiten helfen uns Captan 50 und 83, Orthocid 50 und 83 sowie Wacker Captan 50. Mit Cupravit (Ob 21) und Funguran können wir ganz allgemein (mit Ausnahme der Echten Mehltaupilze) gegen die Pilzkrankheiten spritzen. Rostpilze und Falsche Mehltaupilze werden mit blitol-Pilzfrei, Dithane Ultra und park-Pilzspritzmittel erfaßt. Mit den BASF-Maneb- und -Zineb-Spritzpulvern töten wir Falsche Mehltaupilze, Rostpilze und Blattfleckenkrankheiten ab, während Dithane M Riedel, Maneb Merck und Polyram Combi gegen Falsche Mehltaupilze und Rostpilze wirken. Schließlich haben wir in Cosan 80, Kumulus und Sufran, Flotox Netzschwefel und TOP Netzschwefel Schering sowie in den Netzschwefeln Bayer, Cela, Stulln, Sulfoplex und UCB genügend Mittel gegen die Echten Mehltaupilze. Wer den Grauschimmel, die Blatt- und Stengelfleckenkrankheiten, den Echten Mehltau und die Welkekrankheiten mit einer Anwendung bekämpfen will, greift zu Du Pont Benomyl. Ein gestrichener Kaffeelöffel Benomyl entspricht einem Gramm.

Wohin mit Blattläusen, Blattwanzen und Raupen fragen wir uns bekümmert, wenn die Zeit der Insekten wieder da ist. Zunächst versuchen wir es mit dem Zerdrücken der Schädlinge. Wenn wir Glück haben, unterstützen uns die Vögel beim Ablesen der Blattläuse, Käfer und Raupen. Doch plötzlich können wir uns ihrer kaum noch erwehren. Die Industrie überhäuft uns zwar mit tödlichen Giften. Doch Vorsicht! Mit vielen chemischen Mitteln bringen wir auch unsere Nützlinge und die blütenbesuchenden Bienen um. Selbst die heißhungrige Vogelbrut, die mit vergifteten Larven gefüttert wird, wird nicht geschont. Wir können zwar die Spritzarbeiten auf den frühen Morgen und den späten Abend verlegen; bei Stauden läßt es sich jedoch nicht vermeiden, daß auch in die offenen Blüten gespritzt wird. Stunden später, wenn die sammelnden Bienen wieder angeflogen kommen, beginnt dann das große Sterben. Auch die Nähe von Sitzplätzen und Spielwiesen läßt es nicht zu, gedankenlos das Gift im Garten zu verspritzen. Unsere Empfehlungen halten sich deshalb – von wenigen Ausnahmen abgesehen – nur an Pflanzenschutz-

mittel, die für Menschen und Bienen ungefährlich sind. Auf den Etiketten der empfohlenen Präparate finden Sie weder Totenkopf noch den Warnvermerk »Vorsicht!«, dafür den Hinweis, der Bienenungefährlichkeit. Nur mit derartigen Pflanzenschutzmitteln, die für Menschen und Bienen keine Gefahr darstellen, wollen wir im Staudengarten Pflanzenschutz betreiben. Von diesen harmlosen Mitteln steht uns gegen beißende Insekten und Blattläuse Parexan und gegen beißende und saugende Insekten blitol-Insektenfrei zur Verfügung. Gegen Spinnmilben und die Echten Mehltaupilze wenden wir das Morestan-Spritzpulver an.
Den Druck auf das Knöpfchen einer Spraydose sollten wir uns gut überlegen. In den einschlägigen Fachgeschäften werden uns zwar 20 insektentötende Mittel in Sprühdosen angeboten. Ihr Inhalt dürfte für eine ganze Staudenrabatte jedoch so gering sein, daß wir schon aus pekuniären Gründen darauf verzichten.
Mittel aus Wurzeln und Blüten sind die relativ ungiftigen Pyrethrum- und Derris-Präparate. Als Wirkstoffe weisen sie Rotenon und Pyrethrin auf. Das Rotenon wird aus den Wurzeln tropischer *Derris*-Arten gewonnen. Das Pyrethrin erhält man aus den Blüten der Dalmatinischen Insektenblume (*Chrysanthemum cinerariifolium*). Die Präparate sind Berührungsgifte, das heißt, sie wirken, wenn die Schädlinge mit den Mitteln in Berührung kommen. Viele Insekten erholen sich bei Pyrethrin nach einer anfänglichen Lähmung wieder sehr schnell. Dagegen wirkt Rotenon langsamer, jedoch sicher in der Abtötung. Beide Wirkstoffe werden deshalb zusammen und mit anderen Wirkstoffen kombiniert und unter Firmenbezeichnungen wie Derro, Derrothan, Herba-Vetyl, Herba-Vetyl Staub, Rotenol-Emulsion, Rotenol-Spritzpulver oder Rotenol-Staub in den Handel gebracht.
Die Derris-Pyrethrum-Präparate, Rotenol-Emulsion und Rotenol-Spritzpulver zeichnen sich durch eine große Flüchtigkeit aus. In der vorgeschriebenen Anwendung sind sie außerhalb des Insektenfluges für Bienen ungefährlich. Ihre dominierende Stellung als ungiftige Präparate für Warmblütler kommt natürlich auch den Vögeln zugute. Ein anhaltender Dauererfolg gegen schädliche Insekten läßt sich nur erreichen, wenn die Mittel wiederholt angewendet werden.
Diese Mittel sollten uns nicht dazu verleiten, unbedenklich im ganzen Garten zu spritzen. In der Nähe von Gartenteichen, Tümpelaquarien und Terrarien muß mit äußerster Vorsicht darauf geachtet werden, daß keine Spritzflüssigkeit ins Wasser oder in die Tiergehege gelangt. Denn die Derris-Pyrethrum-Präparate zeichnen sich nicht nur durch eine insektentötende Wirkung aus, sie rufen auch bei den Fischen Lähmungserscheinungen hervor und töten Wasserschnecken, Molche, Salamander, Eidechsen und Frösche.
Übrigens, das empfohlene blitol-Insektenfrei enthält auch Pyrethrin, und Parexan enthält Pyrethrin und Rotenon.

Blattläuse, mit dem bloßen Auge betrachtet, sind grünliche, gelbliche oder schwärzliche Sauginsekten. Wie im Schlaraffenland lassen sie sich durch den Stechrüssel so viel Nahrung in den Mund spülen, daß sie allen Pflanzensaft gar nicht verwerten können. Die Überschüsse geben sie als Honigtau ab. Jeder hat schon einmal diese zuckerig-klebrigen, in der Sonne glänzenden Überzüge auf Blättern gesehen. Ameisen, Bienen und andere Insekten laben sich am Honigtau der Blattläuse. Wenn die Nahrung der Blattläuse durch Überbevölkerung oder mangelnden Saftdruck nachläßt, »beflügelt sie der Hunger«. Den Jungfernlarven wachsen gleich den Männchen Flügel. Durch den Überflug auf andere Stauden werden auch krankheitserregende Viren übertragen. Auf ihr Konto gehen die Ringfleckenkrankheit, die Mosaikkrankheit und die Stauche des Rittersporns, die fleckig-streifigen Virosen der Lilien, die Ringelfleckenkrankheit der Pfingstrosen und die streifen- oder bandförmigen Blattaufhellungen der Trollblumen.
Die blattlausbefallenen Eisenhut-Arten, Herbstastern oder *Coreopsis* zeigen verkümmerte Triebe, die Blätter kräuseln, werden klein und vertrocknen. Gegen die Blattläuse werden Parexan, blitol-Insektenfrei oder die Derris-Pyrethrum-Präparate angewendet.
Ameisen machen sich als ständige Begleiter von Blattläusen unangenehm bemerkbar; sie sammeln deren nährstoffreiche Ausscheidungen. Auf diesem Wege erhalten sie auch Zugang zum Saftstrom der Pflanzen. Durch das ständige »Melken« werden die Pflanzenläuse ihre Überschüsse los. Sowie eine Laus von den Fühlern einer Ameise betastet wird, hebt sie den Hinterleib und läßt ein Honigtröpfchen austreten. Daraus folgert eine beschleunigte Saftaufnahme, ein schnelleres Wachstum, aus dem sich wiederum eine verstärkte Vermehrung der Läuse ergibt. Diese »Viehhaltung«, die Ameisennester und die unterirdischen Ameisengänge können im Garten sehr unangenehm sein. Deshalb können wir nicht umhin, bei starker Ameiseninvasion ungiftige Lindan-Ameisenmittel zu gießen oder zu streuen.
Schnecken haben es auf die zarten Blatttriebe vieler Stauden abgesehen. Als ausgesprochene »Gartentiere« nisten sich die Nacktschnecken in der Staudenrabatte ein. Mit Vorliebe fressen sie durch Schabefraß auf den jungen Trieben von Rittersporn, Sommerphlox, *Helenium* und *Heliopsis,* Rauh- und Glattblattastern. In der Nähe von Bachläufen und Wasserteichen, Kissen- und Polsterstauden sind die jungen Blätter besonders gefährdet. Mit Hilfe von Ködermitteln, die unter den Namen Schneckenkorn, Schneckentod, Schneckenfrei, Schneckenfeind oder Anti-Schneck-Rotkorn im Handel sind, können schneckenempfindliche Stauden vor einer Zuwanderung geschützt werden.
Ohrwurm oder Ohrenkneifer sind irreführende Namen. Sie kriechen weder in das menschliche Ohr und kneifen mit ihren Zangen in das Trommelfell, noch sind es

Würmer. Mit ihren mächtigen Hinterleibszangen ergreifen sie auf nächtlicher Jagd schädliche Blatt- und Schildläuse, kleine Raupen, Fliegen und die Larven der Erdflöhe. Über ihren Rücken hinweg werden sie dann dem Munde zugeführt. Trotz dieser Nützlichkeit ist der Ohrwurm in einem Dahlienfeld und in den Margeriten- und Nelken-Blüten ein gefährlicher Schädling. Durch Ab- und Zerfressen von Blütenknospen und -blättern richten sie großen Schaden an. Unter alten Brettern, nassen Lappen und Körben, Rinden und Steinen trifft man sie tagsüber in großen Schlafgesellschaften an. Als Fallen können auch umgestülpte Blumentöpfe dienen, die, halb gefüllt mit Holzwolle, auf einen Stab gesteckt werden. Gefährdete Pflanzen lassen sich auch mit blitol-Insektenfrei oder Parexan behandeln.

Blattwanzen saugen in den Blüten die eiweißreichen Pollenkörner aus, stechen Triebe, Blätter und Knospen an und ernähren sich vom Pflanzensaft. Die 5–11 mm langen und vielfach recht bunt gefärbten Tiere haben einen charakteristischen »Wanzengeruch«. Durch die Giftwirkung des ausgeschiedenen Speichels verkrüppeln die geschädigten Pflanzenteile und werden braun. Um großem Schaden an unseren Goldgarben, Staudenastern, Margeriten, *Coreopsis,* Staudensonnenblumen und Dahlien vorzubeugen, spritzt man beim Auftreten der Schädlinge mit insektentötenden Mitteln.

Schaumzikaden schädigen wie die Blattwanzen durch das Anstechen der jungen Triebspitzen und Blütenknospen. Die geschädigten Pflanzen zeigen mißgebildete Blätter und Triebe. Ihren Namen verdanken die Schaumzikaden der Eigentümlichkeit der Larven, sich mit Flüssigkeitsschaum, dem sogenannten Kuckucksspeichel, zu umgeben. Den Kuckucksspeichel findet man im April, Mai und Anfang Juni auf den Margeriten, Rauh- und Glattblattastern und vielen anderen Stauden. Wo der Kuckucksspeichel lästig wird, spült man ihn mit einem starken Spritzstrahl aus dem Gartenschlauch von den Pflanzen ab.

Wühlmäuse haben schon vielen Staudenfreunden die Lust zu weiteren Versuchen mit Zwiebelgewächsen und Staudensonnenblumen verleidet. In der Regel stellen sich die Wühlmäulse auf Grundstücken ein, die von kleinen Wasserläufen durchzogen werden. In wasserfernem Gelände gelangen sie auch im Gangsystem des Maulwurfs an die Pflanzenwurzeln. Die weit verzweigten Wühlmausgänge liegen in der Regel so hoch, daß sie an der leicht aufgewölbten Erde gut zu verfolgen sind. Die Wühlmäuse werfen auch Erde aus; die Haufen sind etwas flacher als Maulwurfshaufen. Wo wir Wühlmäuse befürchten, sollte man auf ein zu hohes Abdekken der Staudenbeete mit Stalldung oder Torfmull verzichten. Sämtliche Wühlmäuse aus der Nachbarschaft versammeln sich sonst unter dieser Winterdecke. Bei Wühlmausgefahr stellen wir den Motor unseres Rasenmähers auf Leerlauf und leiten mit einem Schlauch die Abgase in die Wühlmausgänge. Wir können die Gänge

auch mit Citocid-Patronen, Delu-Wühlmausfeind, Fumia-Räucherpatronen, Pecomax Gaspatronen, Rumetan-Vergasungsbriketts oder dem Vergasungsbrikett Rekord ausräuchern. Im Frühjahr, wenn sie weniger Nahrung finden, nehmen sie auch den Gift-Köder Quiritox, Giftbrocken oder Giftgetreide an.
Wer sich auf den Fallenfang versteht und ihn betreibt, sollte sich vor dem Biß lebender Tiere hüten. Als Träger der Tularämie können sie diese Nagetierpest auch auf Menschen übertragen. Man grabe deshalb tote Wühlmäuse tief in dic Erde ein und wasche sich danach die Hände.
Spritzen und Pumpen sind vielseitige Helfer im Kampf gegen die ungebetenen Pilze, Insekten und Milben. Welche, das möchte man beim Einkauf gerne wissen. Ob es eine Hand- oder Brettspritze, Kolbenrückenspritze oder eine selbsttätige Spritze sein muß, ist eine Frage der Gartengröße und des Geldbeutels. Über die verschiedenen Fabrikate informieren die Kataloge einschlägiger Fachgeschäfte. Doch die Wahl auf Distanz ist nicht immer einfach. Man geht zu einem Fachhändler und steht betreten vor einer Fülle von Geräten. Doch bitte vergessen Sie nicht, bei größeren Spritzen auf das Prüfzeichen der Biologischen Bundesanstalt zu achten!
Willkommene Helfer für wenige Quadratmeter Gartenland sind die blitol-, Holder-, Mesto- oder Gloria-Einhandzerstäuber. Ein kurzer Druck auf den Hebel bringt gegen die unsichtbaren Pilzsporen und die vielen schädlichen Insekten einen vollen Erfolg. So spielend leicht wie mit diesen Feinsprühern und Zerstäubern geht es auch mit den Stabhandspritzen und den doppelt wirkenden Messingkolbenpumpen. Die Arbeiten mit einer Fricke-, Gloria-, Holder- oder Mesto-Brettspritze machen in jedem großen Garten Spaß. Sie werden deshalb so gerne verwendet, weil man mit ihnen die Flüssigkeit aus jedem beliebigen Gefäß entnehmen kann und der Spritzschlauch einen so großen Aktionsradius hat. Zur Inbetriebnahme dieser Brettspritzen muß dann allerdings eine Person zum Pumpen und eine weitere zum Spritzen bemüht werden. Zum Glück gibt es auch noch Kolbenrückenspritzen zur Einmannbedienung. Für die Haus- und Kleingärten sind die Zuwa-Rückenkolbenspritzen mit 10 l Inhalt ausreichend. Viel besser als die selbsttätigen Hochleistungsspritzen können es die Motorspritzen der Gärtner auch nicht. Nur mit dem einen Unterschied, daß wir zum Aufpumpen unsere eigene Muskelkraft gebrauchen. Und wie bringt man ein solches Ungetüm in Gang? Jeder Anfänger findet in einer Bedienungsanleitung Hinweise zur Inbetriebnahme dieser Hochdruckspritzen. Selbst der technische Laie lernt es, ein solches Gerät in kürzester Zeit zu bedienen.
Mit diesen Hinweisen darf ich diese Geräteschau beschließen. Denn von jetzt an heißt es, mit Hand- und Rückenspritzen gegen die Staudenfeinde vorzugehen. Wenn der Schädling erkannt und das Spritzmittel im Hause ist, kann der Kampf

gegen diese unerwünschten Eindringlinge beginnen. Weil ich haargenau weiß, was es den Gartenfreund für eine Überwindung kostet, in ein blütenübersätes Staudenbeet zu spritzen, bin ich mir gar nicht so sicher, ob ein gärtnender Mensch überhaupt noch Aggressionen hat. Man kann es ja zunächst mit reinem Wasser versuchen. Und wer das Trimm-Dich-Soll erfüllt hat, stelle die Giftspritze beiseite und warte, ob sich aus dem halben Dutzend Blattläuse überhaupt mehr als eine Kolonie entwickelt. Wenn sie zwischenzeitlich von keinem Regenschauer abgewaschen wurden oder ein umweltfreundlicher Vogel sich der Insektenschädlinge angenommen hat, haben wir immer noch Zeit, mit diesen gräßlichen Giftspritzen in den Garten zu gehen.

Ein guter Trost nach Hageltagen ist die Gewißheit, daß sich viele Stauden sehr schnell erholen. Sollte es gar ein Spätsommergewitter sein, dann ist für einen vorzeitigen Herbst noch keine Zeit. Ein leichter Nährsalzschleier, über die Staudenbeete verteilt, wird ihre zerschundenen Stengel und zerfetzten Blätter zum größten Teil wieder ersetzen. Für diese außerplanmäßige Düngung geben wir etwa 50 g Poly-Fertisal = eine geschlossene Handvoll auf einen Quadratmeter. Gegen die Fäulnispilze und Bakterien, die in den zerschlagenen Pflanzengeweben leicht Einlaß finden, spritzen wir mit dem pilz- und bakterientötenden Orthocid 50.

Sommer ade

Wenn der Wind welke Blätter und Nebelschwaden durch den Garten treibt, müssen die Staudenbeete geräumt werden. Mit Ausnahme der Ziergräser sowie der winter- und immergrünen Pflanzen werden alle abgeblühten oder abgestorbenen Stengel bis über den Boden zurückgeschnitten.

Freilandstauden, die aus einem sehr milden Klima zu uns kamen, vertragen keine Winterkälte. Die Wurzelknollen der Dahlien und die Knollen der Gladiolen nimmt man ohnehin heraus und überwintert sie in einem kühlen und trockenen Raum. Auf der Staudenrabatte entfernt man das Unkraut, lockert den Boden zwischen den Stauden und deckt ihn mit Komposterde oder Torfmull ab.

Es geht nicht ohne Winterschutz bei den Bergastern und dem Pacific-Rittersporn, den Herbstanemonen und den Fackellilien, der Nelkenwurz, vielen Gartenprimeln, dem Teppichphlox, der Schleifenblume, dem Lavendel, dem Gamander, dem Großen Immergrün und dem Johanniskraut, der Bleiwurz und vielen Ziergräsern. Wintergrüne Stauden erhalten eine Reisigdecke. Sie läßt den Wind hindurch und hält die Wintersonne ab. Wenn der Boden frostfrei ist, beginnen viele Stauden vorzeitig zu treiben. Solange noch strenge Fröste zu befürchten sind, halten die Tannenreiser die Pflanzen vor einem vorzeitigen Austrieb zurück. Erst im Frühjahr, wenn der Boden aufgetaut ist, wird das Deckmaterial entfernt. Es ist zweckmäßig, die Reiser neben den Pflanzen liegen zu lassen, damit bei eintretenden Spätfrösten den Stauden ein vorübergehender Schutz gegeben werden kann.

Warme Daunen und Pelzkragen aus halbverrottetem Stalldung sind bei unseren Stauden sehr beliebt. Rinder- oder Pferdemist ist kaum noch zu bekommen. Der Barfrost kann jedoch unter frischgepflanzten Stauden zu großem Ausfall führen. Eine starke Laub- oder Torfdecke hält den Frost von den Wurzeln fern. Leider finden auch die Mäuse unter diesen warmen »Daunen« Unterschlupf. Deshalb sollte man mit dem Aufbringen des Winterschutzes etwas Giftgetreide ausstreuen.

Winterschlaf durch Verlangsamung aller Lebensfunktionen legen nicht nur viele Nagetiere und Insektenfresser ein. Auch die Gartenstauden lassen wir für einige Monate allein. Nach dem Abklingen des Frostwetters sind alle im Spätherbst gepflanzten Stauden auf ihre Standfestigkeit zu überprüfen. Die hochgefrorenen Pflanzen haben keine Verbindung mehr mit dem Grundwasser und vertrocknen. An milden Tagen sind die Stauden mit den Händen anzudrücken. Wenn eine Pflanze zu stark hochgefroren ist, nimmt man sie heraus und setzt sie wieder in die Erde.

Nachwuchs erwünscht

Kein Freizeitgärtner kann es unterlassen, Pflanzen zu vermehren. Aus seinem Frühbeetkasten quillt dann ein ganzer Kindergarten von Sämlingen, Stecklingen und Wurzelschnittlingen. Das Schneiden von Stecklingen und die Aussaat von Samen zählten schon immer zu den klassischen Arbeiten des Gärtners. Dieser Tätigkeit sollten wir nicht zu viel Aufmerksamkeit schenken. Man weiß ja ohnehin nicht, wohin man die vielen Stauden pflanzen soll. Was man für den eigenen Bedarf vermehrt, ist so gering, daß es sich kaum lohnt, Frühbeetkästen mit teuren Fenstern und Sprühnebelanlagen zu installieren. Es besteht ja eh die Gefahr, daß man auf seinen »Antiquitäten« sitzenbleibt und darüber vergißt, daß jedes Jahr schönere und bessere Sorten auf den Markt kommen. Dazu sollte man wissen, daß viele dieser Züchtungen nur durch Teilen oder aus Stecklingen weitervermehrt werden können. Andere Gartenstauden sind aus eigener Kraft in der Lage, mit Hilfe von Brutzwiebeln und -knollen, Rhizomen und Ausläufern für ihre Nachkommenschaft zu sorgen. Nur bei einem sehr kleinen Teil kann man sich auf eine Fortpflanzung durch Samen verlassen. Oft dauert es mehrere Jahre, ehe diese Pflanzen blühfähig sind. Wer diese Geduld nicht aufbringt, von der Aussaat bis zur Blüte drei bis sechs Jahre zu warten, kehrt reumütig zur Staudenvermehrung mittels Teilung zurück.

Aus eins mach zwei und vier und sechs und ... können wir in der Regel alle vier Jahre mit unseren Beetstauden durchspielen. Im Laufe der Zeit sind einzelne Pflanzenhorste so in die Breite gewachsen, daß schwächere Stauden zusammengedrückt werden. Um Schlimmeres zu verhüten, werden die Übeltäter im Frühjahr oder Herbst mit dem Spaten herausgestochen und in faustgroße Stücke geteilt.
Anders als in der Natur, wo die Nachkommenschaft der Stauden durch Ausstreuen von Samen heranwächst, halten wir es bei den Beetstauden wie mit den Regenwürmern. Aus eins mach zwei. Alles was einen Sortennamen hat, kann nur auf vegetativem Wege vermehrt werden. Das heißt, die Blütenfarbe und -form, die Blütezeit und der Wuchs, die Wetterbeständigkeit und die Resistenz gegen Krankheiten vererben sich nur, wenn wir die Pflanzen teilen. Trieb- oder Wurzelstecklinge schneiden, Rhizome, Knollen oder Zwiebeln abtrennen. Dagegen erhalten wir durch die Samenvermehrung eine bunte Formenvielfalt, an deren Ende man mit sehr vielen schlechten und nur wenigen guten Nachkommen rechnen kann. Es können einige Überraschungen dabei sein, die man durch viel Platz, Arbeit, Zeit und Geduld erkaufen muß.

Die schönsten Beetstauden

Goldgarbe *Achillea filipendulina*

Zu den direkten Nachfahren unserer Goldgarben, die um 1803 aus dem Kaukasus und aus Kleinasien nach England gebracht wurden, gehört die von Robert Parker aus Toothing gezüchtete, 120 cm hohe Achilleen-Sorte 'Parker'. Ihre goldgelben Blütenteller sind so groß, daß es kaum möglich ist, die Scheiben mit beiden Daumen und Zeigefingern zu umfassen. Die Blütezeit läßt sich in die Monate Juni, Juli und August einordnen. Neu dazugekommen ist die 80 cm hohe 'Coronation Gold' der Engländerin Mrs. R. B. Pole aus Lyl End. Zeitlich liegt diese Sorte mit ihrer Blüte zwischen Juni und September.

Das Gelb bestimmt das Bild vieler Staudenrabatten. Aus diesem Grunde verwenden wir gerne in Gemeinschaft mit den Goldgarben rotblühende Sommerphlox-Sorten und die Monarden, die blauen Rittersporne und Kaukasus-Skabiosen.

Die Anspruchslosigkeit und Lebensdauer der Goldgarben haben ihnen das Prädikat »Unverwüstliche Beetstauden« eingetragen. Zwischen den Achilleen und ihren Nachbarn wird ebensoviel Distanz gehalten wie zwischen Achilleen und Achilleen. Enger als eine dreiviertel Schrittlänge dürfen sie nicht stehen, was etwa vier bis fünf Pflanzen auf einem Quadratmeter entspricht. Dabei sollte man nie mehr als drei bis fünf Goldgarben in einer Gruppe verwenden.

Wenn man ein Staudenbeet nur mit Achilleen füllt, finden als Einfassung die *Erigeron*-Hybriden und Kissenastern Verwendung.

Die großen Blütenteller lassen sich, frisch im Schnitt, hervorragend für große Vasen verwenden. Zum Trocknen muß man die Goldgarben nach dem Aufblühen schneiden. In kleinen Bündeln werden sie an einem luftigen und schattigen Ort nach unten aufgehängt. Im Sommer konserviert, sind sie im schnittblumenarmen Winter für Trockensträuße sehr begehrt.

Die Goldgarben sollten erst nach einer gründlichen Bodenvorbereitung gepflanzt werden. Nach tiefem Umgraben, Torf- oder Kompostgaben werden 50 g Blaudünger auf einen Quadratmeter verteilt. Erst nach dieser Erdverbesserung kann man im Frühjahr oder Herbst die Goldgarben setzen.

Die Achilleen sind anpassungsfähige Stauden. Mit Ausnahme von tiefem Schatten ertragen sie im Sommer halbschattige Lagen, volle Sonne und viel Wärme.
Im Sommer reißen die laufenden Arbeiten nicht ab. Schon im zeitigen Frühjahr kann man mit dem Düngen beginnen. In den Monaten April, Mai, Juni und Juli gibt man jeweils eine geschlossene Handvoll = 50 g Blaudünger auf einen Quadratmeter. Wenn die Pflanzen ihren Dünger bekommen haben, ist an heißen Tagen durchdringend zu wässern. Ein wiederholter Gang in den Garten wird sich lohnen. Wer im Frühjahr die schwachen Triebe herausschneidet, bekommt besonders große Blütenstände. Die reifenden »Goldteller« benötigen so viel Kraft, daß es für eine erneute Knospenbildung gar nicht mehr reicht. Wenn wir ihnen einfach die Möglichkeit der Samenbildung nehmen und die verblühten Blumen nach dem dritten oder vierten Blatt abschneiden, bilden sich wieder und wieder Seitentriebe. Die Sorte 'Coronation Gold' hört dann bis September mit dem Blühen gar nicht mehr auf.
Goldgarben, die zu sehr in die Breite wachsen und ihre Nachbarn bedrängen, nehmen wir im Frühjahr oder Herbst mit dem Spaten heraus und teilen sie in faustgroße Stücke. Nach gründlicher Bodenverbeserung können sie sofort wieder aufgepflanzt werden. Im Spätherbst ist gleichzeitig ein Rückschnitt bis zum Boden fällig.
Auf den Blättern der Schafgarben siedelt sich sehr gerne der weiße Pilzbelag des Echten Mehltaus an. Bei beginnender Erkrankung heißt es wiederholt mit einem pilztötenden Mittel, wie auf Seite 31 angegeben, zu spritzen. Lästig werden zuweilen auch die Blattwanzen und deren Larven. Durch ihre Saugtätigkeit kommt es zu Mißbildungen, wobei sich die verkrüppelten Blätter und Triebe bräunen und absterben. Dem Schädling können wir, wie auf Seite 34 beschrieben, mit insektentötenden Spritzmitteln begegnen.

Eisenhut *Aconitum × arendsii, A. × cammarum, A. carmichaelii, A. napellus*

Unscheinbar, als wolle er gar nicht in unser Beetstaudenschema passen, gibt sich unser heimischer Eisenhut *Aconitum napellus.* Wie auf ein geheimes Zauberwort hat sich die Eisenhutverwandtschaft in unseren Gärten verändert. Doch ehe wir damit beginnen, die ganzen Aconitum-Züchtungen zu nennen, sei ein kurzer Rückblick erlaubt. Unser heimischer Eisenhut war schon da, als man in Europa noch keine Königslilien und Gartenlupinen, Pfingstrosen und Goldgarben kannte. Wer denkt heute noch daran, daß er für alle fieberhaften Entzündungskrankheiten als Heilmittel herangezogen wurde? Die *Aconitum*-Arten enthalten nämlich in allen Teilen das giftige Aconitin. Den rübenförmigen Wurzelknollen wurde Saft zum

Vertreiben des Ungeziefers und zum Töten von Wölfen, Hunden und Katzen entnommen. Wer solchen botanischen Raritäten zugetan ist, erkennt in den Eisenhut-Blüten einen Helm mit Gesichts- und Nackenschutz und ein leicht aufgeschlagenes Visier. Aber wer weiß schon, daß es neben diesem stahlharten Blau auch noch weiße Formen gibt? Was immer wieder bezaubert, ist das Spiel mit den Farben. *A.* × *cammarum,* das wahrscheinlich aus *A. napellus* und *A. variegatum* hervorgegangen ist, zeigt eine blauweiße Färbung. Zwei englische Hybridenzüchter gaben sich die Mühe, weitere Sorten hervorzubringen. Einem Herrn Prichard aus Christchurch ist es schon um 1898 gelungen, die tiefblaue 'Spark' und einem Herrn Barker aus Kelmscott, eine dunkelamethystblaue Selektion aus *A. carmichaelii* var. *wilsonii* unter dem Namen 'Barker' herauszubringen. Im übrigen ist das chinesische *A. carmichaelii* und seine Varietät *wilsonii* zu den Stammeltern des dunkelblauen *A.* × *arendsii* geworden.
Die Staudenzüchter versprechen uns nicht zu viel, wenn sie uns *A. napellus, A.* × *cammarum* und *A. carmichaelii* als sichere Sommerblüher anbieten. Zu den begehrten Herbstblühern, denen ein verfrühter Winter nichts anhaben kann, zählt *A.* × *arendsii* und *A. carmichaelii* var. *wilsonii.*
Wer auf den Eisenhut nicht verzichten will und ihm aus Dankbarkeit, Liebhaberei, Tradition oder Gewohnheit die Treue hält, hat unendlich viele Möglichkeiten seiner Verwendung im Garten. In Gemeinschaft mit Pfingstrosen, Sommerphlox und Madonnenlilien, Iris und Kaiserkronen läßt er sich wie zu Urgroßmutters Zeiten in den Gärten einordnen. Wer es etwas modischer will, kann den Eisenhut mit Silberkerzen, Japanischen Anemonen und Astilben, Etagen- und Kugelprimeln im Halbschatten verwenden. Der Eisenhut ist eigentlich ein besserer Gesellschafter als wir allgemein annehmen. Seine Erscheinung wirkt allerdings so stark, daß man es häufig nicht wagt, ihn neben farbenfrohen Stauden zu plazieren. Wer ließe sich dagegen beim Zusammenstellen bunter Sträuße davon abhalten, den Eisenhut mit in hohe Bodenvasen einzuordnen?
Wie es *Aconitum* mit seinen Erd- und Nährstoffansprüchen hält, zeigt folgender Hinweis: Wenn der Eisenhut im Frühjahr oder Herbst gepflanzt wird, sollten wir feuchte und lockere Humusböden bevorzugen. Ob er jährlich blüht, das ist nicht eine Frage des Alters, sondern der Ernährung. Wo mit halbverrottetem Stalldung, Blutmehl, Hornspänen, Guano oder Geflügeldünger nicht gespart wird, da fühlt sich der Eisenhut sehr wohl. Eine nitratreiche Kost können wir auch mit dem Volldünger Poly-Crescal verabreichen. Im Wurzelfilz von Gehölzen und bei der Benachbarung hoher Stauden wird jede Pflanze einen gestrichenen Eßlöffel voll Zusatznahrung gerne annehmen. In heißen Sommern kommt der Eisenhut nur zur vollen Entwicklung, wenn viel gegossen wird.

Die *Aconitum*-Arten sind langlebige Stauden, die viele Jahre unverpflanzt im Garten stehen können. Ihre gemeinsame Stärke ist die vollkommene Winterhärte. Aus einem älteren *Aconitum*-Horst läßt sich durch Teilung ein gutes Dutzend junger Pflanzen gewinnen. Beim Umpflanzen werden die rübenartigen Wurzelstöcke mit der Hand auseinandergenommen. Wer bei dieser Arbeit keine Handschuhe benutzt, sollte sich daran erinnern, daß sich das giftige Aconitin in den knolligen Wurzeln sammelt. Nach dem Teilen also tüchtig die Hände mit Seife waschen!
Alles was *Aconitum* heißt, kann von der Sclerotium-Fäule und Verticillium-Welke befallen werden. Wo diese Pilze die Pflanzen zum Welken oder Faulen bringen, kann man nur noch die kranken Pflanzen entfernen und fünf Jahre keine *Aconitum* mehr pflanzen. Eine Bekämpfung mit Du Pont Benomyl sollte im Anfangsstadium möglich sein, sofern sie mit einer 0,1 %igen Lösung (= 10 g/10 l Wasser) wiederholt gespritzt oder gegossen werden. In praller Sonne und bei Trockenheit treten Blattläuse und Wanzen auf. Über deren Aussehen und Bekämpfung finden sich auf den Seiten 33 und 34 ausführliche Hinweise.

Bergaster *Aster amellus*

Von ihrer Bergheimat ist es *Aster amellus* gewohnt, mit den Zufälligkeiten des Wetters fertigzuwerden. Wer die ersten Pflanzen auf den Kalkbergen Mittel- und Südeuropas gefunden hat, weiß heute niemand mehr. Es sind immerhin über 400 Jahre her, daß eine *Aster amellus* am Fluß Mella = amellus in Oberitalien zuerst beobachtet wurde. In der Folge haben es über ein Dutzend Pflanzenzüchter mit Einkreuzungen, Samenernten, Aussäen und Selektionieren versucht.
Manche Bergastern bleiben ihr Leben lang Zwerge, andere reichen uns bis zu den Knien. Bei der Sortenauswahl weiß man nicht, welche zu empfehlen sind. Dabei können wir uns nur auf die dankbarsten und zugleich zuverlässigsten Wachser beschränken. Was die Blühwilligkeit betrifft, steht die hellviolette 'Sternkugel' mit drei Sternen ganz oben auf der Treppe. Auch die hellblaue 'Hermann Löns' wird nicht übersehen. Ihre Blüten erreichen in ihrer Größe eine Spannweite zwischen Daumen und Mittelfinger. Neben weiteren hellblauen Sorten, wie 'Wunder von Stäfa' und 'Praecox Junifreude', den blauen 'Dr. Otto Petschek' und 'Rudolf Goethe' gibt es eine hellviolette 'Stettin', eine violette 'Breslau' und eine dunkelviolette 'Veilchenkönigin'. In Dunkelblau bieten sich die Sorten 'Butzemann', 'Mira' und 'Moerheim Gem' an. Selbst zwei rosa Sorten, 'Lady Hindlip' und 'Heinrich Seibert', sind unter den Bergastern zu finden.
Wenn das Gelb von *Helenium* und Sonnenblumen, *Heliopsis,* Rudbeckien und Goldruten im Garten regiert, erscheinen die Bergastern. Mehr als sieben, acht oder

Links: Goldgarbe, Achillea filipendulina 'Parker'. Rechts: Rauhblattaster, Aster novae-angliae 'Septemberrubin'.

neun *Aster amellus* sollte man nicht auf einen Quadratmeter setzen. Nach einem Jahr haben sie sich wie ein Kranz um die Beete der *Helenium*-Hybriden, Rauhblattastern, *Heliopsis* und Rudbeckien gelegt. Als Einzelpflanzen bilden sie eine wundervolle Staudengemeinschaft mit *Nepeta × faassenii, Salvia × superba* 'Mainacht' und 'Ostfriesland', den Karpatenglockenblumen und *Stachys olympica*.

Es ist ein Glück, wenn man im Herbst nicht mehr dazukommt, Bergastern umzusetzen. Für eine Herbstpflanzung oder ein zu tiefes Setzen sind große Verluste der Preis. Einen Winterschutz durch Torf oder Reisig nehmen sie dagegen dankbar an. In einem durchlässigen, leicht kalkhaltigen Boden ist bei Frühjahrspflanzungen mit keinen Ausfällen zu rechnen. Wenn man sich auch noch mit dem Gießen etwas zu-

rückhält und jeder Pflanze im Frühjahr einen gestrichenen Eßlöffel Blaudünger gibt, wird man durch eine unübertroffene Blühwilligkeit belohnt.
Alle Bergastern lassen sich schlecht umsetzen. Trotzdem müssen im Frühjahr alle dreijährigen Horste umgepflanzt werden. Nach dem Herausnehmen sind sie in faustgroße Stücke zu teilen. Wo Sommerastern gewachsen sind, gedeihen auch Bergastern. Ganz so einfach ist es unter den lieben Verwandten nun doch nicht. Denn vor dem Pflanzen müssen wir ganz sicher sein, daß keine welkekranken Sommerastern dazwischenstanden. Ein großes Welken unter den Bergastern wäre der Preis. Hier hilft nur das Entfernen kranker Pflanzen oder eine Gießbehandlung mit einer 0,05 %igen Du-Pont-Benomyl-Lösung. Fünf Gramm Spritzpulver in 10 l Wasser aufgelöst, würde gerade für zwei Quadratmeter reichen. Gelegentlich werden Bergastern auch von Blattwanzen und Blattläusen befallen. Was man dagegen unternehmen kann, wird auf Seite 31ff. beschrieben.

Kissenaster *Aster dumosus*

Nach dem Abklingen der sommerlichen Staudenblüte wird unser Garten arm an Farben. Daß es weitergeht, dafür können wir uns bei den Kissenastern bedanken. Oft entsteht unter den Blüten ein solches Gedränge, daß man von ihren Blättern nichts mehr zu sehen bekommt. Schon deshalb kann man von *A. dumosus* gar nicht genug in den Garten pflanzen.
Die Vorfahren dieser Kissenaster sind aus dem atlantischen Nordamerika zu uns gekommen. Wer würde schon behaupten, daß es sich um lupenreine *A. dumosus* handelt? Mit Sicherheit besitzen sie eine ganze Portion *A. novi-belgii*-»Blut«. Die ersten Kreuzungen sind bei einem englischen Züchter namens Ballard entstanden. Nachdem sich auch die Deutschen Foerster, Benary und Poetschke der Kissenaster annahmen, sind aus ihren Zuchtgärten viele Nachkommen mit neuer Gestalt und Farbe hervorgegangen. Glücklicherweise konnte man sich von dem ewigen Einerlei in Blau und Violett lösen. Und was das Allerschönste ist, wir können uns eine überreiche Farbenskala in Weiß, Rosa und Hellrot noch im Spätsommer leisten. Jeder Besitzer der blauen 'Professor Anton Kippenberg' wird sich wie ein Krösus fühlen, wenn diese Dreistern-Sorte im September/Oktober blüht. Mit rosa schimmernden Blüten, einmal hell und dann wieder dunkel, zwergenhaft und halbmeterhoch geben sich die Sorten 'Diana', 'Herbstgruß vom Besserhof', 'Rosemarie Sallmann' und 'Dietgard'. Eine Sorte 'Schneekissen', die sogar weiß blüht, gibt es ebenso wie eine hellrote 'Nesthäkchen'.
Wie Zwerge stehen sie zu Füßen der meterhohen Rauh- und Glattblattastern, der Rudbeckien und Goldgarben. Wer sich nun mit der Absicht trägt, die Kissenastern

als Einfassungspflanzen zu verwenden, erhält dank ihres Wandertriebes einen dichten Teppich. Auch als Blütenstreifen zwischen Straße und Hauseingang, an Wegen und vor Gehölzgruppen sind sie unentbehrlich. Und wer mit den Kissenastern sehr hoch hinaus will, kann sie an Böschungen pflanzen, die zu steil sind für die Rasenmähmaschine. Damit der nächste Regenguß die Erde nicht abschwemmt und das Unkraut keine Chance hat, hochzukommen, sollte man wenigstens sieben Pflanzen auf einen Quadratmeter setzen.

Im November ist ihre Zeit vorbei. Nach einem Rückschnitt bis zum Erdboden überwintern ihre Wurzelstöcke gut geschützt in der Erde. Wenn sie nach drei oder vier Jahren zu sehr ineinandergewachsen sind, wird es höchste Zeit, die Pflanzen herauszunehmen und nach einer gründlichen Erdverbesserung etwa fünf bis zehn faustgroße Teilstücke auf einen Quadratmeter zu pflanzen. Schon zur Erhaltung der Blühkraft ist im Frühjahr oder Herbst eine Verjüngung angebracht. Stark zehrende Staudenbegleiter entziehen den Kissenastern viel Wasser. Die Schuld für ihr frühes Versagen liegt in der Trockenheit. Wie ein weißer Schleier breiten sich dann die Echten Mehltaupilze über den Blättern und Blüten aus. Wir können dagegen nur zwei Dinge tun: Erstens auf Seite 31 nachsehen, mit welchen Mitteln gegen diese Krankheit zu spritzen ist, und zweitens an warmen Spätsommertagen durchdringend gießen.

Kissenastern, die hungern oder unverpflanzt in dichten Horsten stehen, werden bevorzugt von Welkekrankheiten befallen. Sie können nur aus dem Vollen schöpfen, wenn wir im Frühjahr eine Handvoll Blaudünger auf fünf Pflanzen verteilen. Diese Volldüngergabe ist nicht eine abgeschlossene Pflanzenschutzmaßnahme. Der Welkekrankheit erliegen auch Pflanzen, die mit Stickstoff überfüttert wurden. Zunächst sind es einzelne Triebe, später beginnt die ganze Pflanze zu welken. Es ist möglich, diese Welke, wie schon bei den Bergastern besprochen, durch eine Gießbehandlung mit 5 g Du Pont Benomyl auf 10 l Wasser in Schach zu halten. Welkekranke Kissenastern nimmt man samt Wurzelballen heraus. Man kann sie verbrennen, der Müllabfuhr mitgeben oder an einer abgelegenen Stelle tief vergraben. Daß man in den verseuchten Boden für mehrere Jahre keine Astern mehr pflanzen darf, versteht sich von selbst.

Rauhblattaster *Aster novae-angliae*

Aster – das ist der Familienname von unzähligen Gebilden, die je nach Fassung des Begriffs zwischen 300 und 600 Arten umfaßt. Kenner und Könner wissen es längst, daß den Frühlings- und Sommerastern die Herbstastern folgen. Neben den Tulpen-Fans gibt es Blumenfreunde, die endlos warten können, bis sie im Herbst ihr

Vergnügen an den Rauhblattastern finden. Ein unverwechselbares Merkmal sind ihre behaarten Blätter, die sich wie rauher Samt anfühlen. Was aus diesen Gewächsen geworden ist, nachdem sie 1697 aus dem Norden Amerikas = novae-angliae = Neuengland mit nach Europa kamen, erfährt man beim Rundgang durch jeden herbstlichen Staudengarten. Nach diesem historischen Rückblick wird man zugeben müssen, daß die Rauhblattastern manche Unart mitbekommen haben. Nur ewiger Sonnenschein würde ihre bewundernswerten Strahlenblüten in geöffnetem Zustand halten. Schleicht sich aber schlechtes Wetter ein oder beginnt es zu dunkeln, dann sinken sie in tiefen Schlaf. Selbstverständlich sind die Staudenzüchter bemüht, Abhilfe zu schaffen. Paul Gerber aus Langenhagen bei Hannover hat der weinroten Sorte 'Andenken an Paul Gerber' diese Unart abgewöhnt. Nicht weniger »bunt« treiben es im September/Oktober die dunkelrosa 'Rudelsburg', die hellrosa 'Harrington Pink', die purpurrosa 'Roter Turm' und 'Barr's Pink', die weinrote 'Septemberrubin' und die blauviolette 'Treasure'. Wenn ihre Blüten bei Sonnenschein geöffnet sind, kann keine Biene, keine Fliege und kein Schmetterling an ihnen vorbeifliegen.
Ihr Anspruch auf Lebensraum ist unersättlich. Wo sie sich einmal festgesetzt haben, lassen sie in ihrer Umgebung keinen Nachbarn aufkommen. Denn bei ausgewachsenen Rauhblattastern hat man Mühe, mit vier Armen eine Pflanze zu umfassen. Und wenn ihnen die Pflanzenkataloge eine Höhe von 140 cm zugestehen, geben wir gut und gerne auf optimal gedüngtem Boden weitere 50 cm hinzu. Glücklicherweise kommt erst nach den Frühjahrsblühern Leben in die Rauhblattastern. Man kann sie also, ohne befürchten zu müssen, daß sie ihren Staudennachbarn das Licht wegnehmen, ganz nach vorne auf die Rabatte rücken. Haben Sie schon bemerkt, daß zur Blütezeit an der unteren Hälfte der Stengel die Blätter abgestorben sind? Rücksichtsvoll wie wir nun einmal sind, lassen wir zwischen Weg und Rauhblattastern etwas Platz, damit wir ein paar niedere Begleitstauden davor pflanzen können. Mit den niederen *Nepeta* × *faassenii, Polygonum affine* und den *Salvia* × *superba*-Sorten 'Mainacht' und 'Ostfriesland' läßt sich ihr abgestorbenes Laub nur mühsam verdecken. Bis auf Hüfthöhe reichen sie leider nicht. Was sich dazu an mittelhohen Stauden anbieten würde, ist zu so vorgerückter Jahreszeit bereits bis zum Boden zurückgeschnitten. Um eine zeitliche Blütenfolge für die zweite Jahreshälfte zu erreichen, wählen wir eine Benachbarung mit den Rudbeckien-Sorten 'Goldsturm' und 'Goldquelle'. Größere Stauden müssen auf Distanz gehalten werden. Und selbst wenn wir sie in Gruppen pflanzen, räumen wir nur drei Pflanzen einen ganzen Quadratmeter ein. Mit ihrer Blütenfülle brauchen sie auf der Rabatte und am Zaun keine Konkurrenz zu fürchten. Die Rauhblattastern sind, mit einer einzigen Ausnahme, keine guten Schnittblumen; in der Vase öffnen

sie sich nur bei großer Wärme. Nur die Sorte 'Andenken an Paul Gerber' hält, in kleine Handsträuße gebunden und in großen Arrangements, ihre Blüten auch im Wasser geöffnet.
Nach einer gründlichen Bodenvorbereitung können wir die Rauhblattastern im Herbst und im Frühjahr pflanzen. Gründliche Bodenvorbereitung heißt: tief umgraben, Torfmull oder Komposterde einarbeiten und 50 g Blaudünger auf einen Quadratmeter geben. Die mächtigen Horste brauchen viel Dünger und eine laufende Wassernachhilfe. Es ist zwecklos, sie hungern zu lassen. Nur ein ausgewogene Ernährung regt sie zur Knospenbildung an. Im ersten Jahr nach der Pflanzung genügt für drei Pflanzen eine Handvoll Blaudünger. Wenn sich die Pflanzenhorste gut bestockt haben, erhält jede Rauhblattaster bei Wachstumsbeginn, und wenn sie Kniehöhe erreicht hat, jeweils eine geschlossene Handvoll Blaudünger. Man kann die Nährsalze in eine Gießkanne geben, zwischen die Stauden einharken oder mit dem Gartenschlauch einwässern. Wenn man das Gießen vergißt, flaggen sie ohnehin auf Halbmast. An warmen und sonnigen Spätsommertagen wirkt sich jeder Wassermangel auf den Knospenansatz und die Blühdauer mehr als nachteilig aus.
Ohne Schnurhafter wird eine Rauhblattaster im ersten Jahr nach der Pflanzung kaum auskommen. Die mangelnde Standfestigkeit gerät leicht in Vergessenheit, wenn wir solche Sorten einfach zurückschneiden. Wer Anfang Juli den Mut aufbringt und die Pflanzen auf ein Drittel bis zur Hälfte zurücknimmt, bekommt gedrungene Rauhblattastern, die nicht mehr auseinanderfallen. Der Flor wird zwar zeitlich verschoben, aber was machen schon ein paar Tage aus!
Die mächtigen Horste zeigen die Tendenz, nach außen zu wachsen und im Innern abzusterben. Im ehrwürdigen Alter von fünf Jahren läßt mit der »Tonsurbildung« auch die Blühfreudigkeit nach. Wenn im Innern der Pflanzen kahle Stellen auftreten, wird es Zeit, die Rauhblattastern zu verjüngen. Ein kluger Gärtner weiß, daß er gegen die Wurzelungetüme nur mit einem spitzen Spaten etwas auszurichten vermag. Nach dem Hochheben wird die Erde, so gut es eben geht, ausgeschüttelt und der Wurzelballen mit dem Spaten in vier bis acht Stücke geteilt. Lücken, die sich danach im Staudenbeet zeigen, können mit den Teilstücken wieder aufgepflanzt werden.
Auf die Schädlinge müssen die Rauhblattastern geradezu abstoßend wirken. Wenn sich Blattwanzen und Blattläuse, Wiesenschaumzikaden oder Gipfelwickler auf den Pflanzen niederlassen, ist es mehr Versehen als Absicht. Sowie sie einen besseren Wirt gefunden haben, verlassen sie wieder auf dem Luft- und Fußweg ihren Zwischenaufenthalt. Die Spritzgeräte können wir getrost in der Remise lassen.

Glattblattaster *Aster novi-belgii*

Der Einfluß der Neuen Welt auf unsere Gärten machte sich schon um 1686 mit der Einführung von *Aster novi-belgii* aus den küstennahen Gebieten Virginias = novi-belgii = Neu-Belgien bemerkbar. Die Glattblattaster ist damit zur Stammutter einer großen Sippe geworden, deren Formen in die Tausende gehen. Genauer gesagt, man hat nur das Beste vom Besten als Sorten behalten. Bei Aussaaten bietet die Glattblattaster eine willkommene Gelegenheit, aus dem bunten Gemisch an Formen neue Sorten zu finden. Gott sei Dank konnten dadurch ihre düsteren Herbstfarben durch ein buntes Kolorit abgelöst werden. Sogar an kalten, unfreundlichen Nebeltagen läßt ihr Leuchten nicht nach. Im Gegensatz zu den Rauhblattastern halten sie auch bei Regenwetter und am Abend ihre zarten Strahlenblüten geöffnet.

Um das gesamte Sortiment an Glattblattastern – bei denen nicht nur die Blätter sondern die ganzen Pflanzen kahl und glatt sind – aufzuzählen, benötigt man eine ganze Buchseite. Die Staudengärtner waren so klug, ihre Zahl auf die besten Züchtungen zu beschränken.

Es läßt sich nicht übersehen, der Spätsommer steht vor der Tür. Da und dort öffnen sich schon im August die ersten Herbstastern. Sie blühen dunkelrot ('Crimson Brocade') oder hellblau ('Blaue Nachhut' und 'Marie Ballard'), kleiden sich in feierliches Blau ('Dauerblau' und 'Royal Blue'), erscheinen hellrosa ('Fellowship') und weiß ('Weißes Wunder'). Was sich noch heute bewährt, kann schon morgen so unter Abbaukrankheiten leiden, so daß man froh ist, wenn uns die Staudenzüchter bessere Sorten präsentieren. Nach einem überaus freundlichen Herbst kann sich ihr Flor so lange hinziehen, bis ein verfrühter Winter den vielen Blüten ein vorzeitiges Ende bereitet.

Die Herbstastern beginnen verhältnismäßig spät mit dem Wachsen. Sie sind trotzdem entschlossen, im September/Oktober zu blühen. Noch ist es nicht so weit. Ehe sie sich nicht selbst zu einer stattlichen Pflanze entwickelt haben, stehlen sie keinem Nachbarn die Schau. Man kann sie also getrost in den Vordergrund der Beete stellen. Erst im Sommer treiben sie dann mit solcher Kraft, daß es ihnen nicht schwer fällt, die stattliche Höhe von etwas mehr als 100 cm zu erreichen. Und weil man sie kaum daran hindern kann, in die Höhe zu wachsen, sollte man sie nur mit Rauhblattastern, Goldruten, Rudbeckien, *Helenium* und *Heliopsis* zusammenpflanzen. Ihr Expansionsbedürfnis ist so groß, daß man schwächere Nachbarn in gebührendem Abstand hält. Mehr als fünf Glattblattastern passen ohnehin nicht auf einen Quadratmeter.

Als Schnittblumen halten sie einige Tage in der Vase. Von August bis Oktober und, wenn das Wetter gut ist, bis Allerheiligen und die darauffolgenden Totengedenktage, stehen sie als Straußlieferanten zur Verfügung. Wachsen sie oder wachsen sie nicht? Das ist weder im Frühjahr noch im Herbst die Frage. Bei den Erdvorbereitungen sollten wir nur darauf achten, daß neben einer Handvoll Blaudünger ein gestrichener Eßlöffel kohlensaurer Kalk auf einem Quadratmeter Pflanzfläche nicht fehlen darf. Nach diesem ehrlichen Versuch, den Glattblattastern das Beste an Nahrung zu bieten, sollten wir auch an eine Unart dieser Staude erinnern. Wenn Sie verhindern wollen, daß sich die Glattblattastern mit ihren Wurzelstöcken bis an die Erdoberfläche schieben, dann vergessen Sie nicht, beim Pflanzen die Wurzeln fauststark mit Erde zu überdecken.
Wenn nach einem langen Sommer die Blütenentwicklung gar nicht weitergehen will oder die Blühdauer viel zu kurz erscheint, woran mag das liegen? Trockenes Spätsommerwetter wirkt sich auf die Bereitschaft zum Blühen gar nicht günstig aus. Fehlenden Regen sollten wir deshalb mit dem Gartenschlauch ausgleichen. Nach dem ersten Jahr brauchen sie eine Nachhilfe mit Volldüngern. Eine geschlossene Handvoll Blaukorn, jeder Pflanze beim Wachstumsbeginn verabreicht, dürfte für ein ganzes Jahr reichen.
Schon nach einem halben Dezennium muß bei kräftigen Horsten mit einer »Tonsur« gerechnet werden. Wenn sie also in der Mitte kahl werden, wird es Zeit zum Verpflanzen. Wer ihre großen Horste ausgraben und teilen will, mag es mit einem kräftigen Spaten versuchen. Durch das Ab- und Durchstechen der Wurzelstöcke bekommt man genügend Teilstücke, um eine ganze Rabatte aufzupflanzen.
Wenn man zu tief in den Stickstoffsack gegriffen hat, sollte man die Schnurhafter früh genug anlegen. Es ist immerhin bequemer, als später die niedergeregneten Triebe hochzubinden. Sind die Glattblattastern doch zu lang geworden, dann lassen sie sich Anfang Juli auf die halbe Höhe zurückschneiden. Es scheint in jedem Fall besser zu sein, einen Teil der Pflanzen zu stutzen. Denn erstens wird durch eine zeitliche Verspätung die Blütezeit ausgedehnt, zweitens stehen niedere Glattblattastern auf besseren Füßen, und drittens präsentieren sie sich durch ihre Höhenabstufung jedem Familienmitglied in Augenhöhe.
Nach sieben Grad Kälte ist von den Glattblattastern nicht mehr viel zu erwarten. Wenn wir sie bis zum Erdboden zurückschneiden, werden die kräftigen Horste mit Torfmull, halbverrottetem Stalldung, Kompost- oder guter Landerde überstreut. Für ein Abdecken ihrer flachstreichenden Wurzeln sind die Glattblattastern immer dankbar.
Im Frühjahr, wenn die Zellen unter einem hohen Saftdruck stehen oder bei einem Zusammenspiel von Trockenheit und Wärme, können die Glattblattastern von

einer ganzen Insektenhorde heimgesucht werden. Im Mai und im Juni sollte man deshalb auf Blattwanzen und Blattläuse, Schaumzikaden und Schnecken achten. Junge Glattblattastern, die auf asternverseuchte Beete gepflanzt wurden, überalterte und hungernde Pflanzen sind sehr welkeanfällig. Und wenn man gar zu viele Pflanzen auf einem Quadratmeter unterbringt, dann stellt sich der häßliche weiße Überzug des Mehltaupilzes ein. Über die Spritzarbeiten mit bienen- und menschenungefährlichen Mitteln informieren Sie sich in dem Kapitel »Ungebetene Gäste« auf den Seiten 30 bis 36.

Astilbe *Astilbe-Arendsii-Hybriden, A. chinensis, A.-Japonica-Hybriden, A.-Simplicifolia-Hybriden, A.-Thunbergii-Hybriden*

Wer eine historische Blumenbiographie schreiben will, muß den vielen Sammlern und Abenteurern, kühnen Seefahrern, Forschern und Missionaren für die Astilben danken. Oft unter Lebensgefahr brachten sie ihre Pflanzenschätze nach Europa. *Astilbe japonica* traf bereits im Jahre 1830 aus Japan ein, *A. thunbergii* folgte 1878 aus China und Japan, 1892 war es die chinesische *A. chinensis*, und ein Jahr später bildete die japanische *A. simplicifolia* den krönenden Abschluß.
Unter den begnadeten Züchterhänden eines Georg Arends aus Wuppertal-Ronsdorf ließen sich bereits um 1900 durch geduldiges Einkreuzen, sorgsames Aussäen und mühevolles Selektionieren die ersten Arendsii-Hybriden gewinnen. Was bei diesen Sorten immer wieder bezaubert, ist das Spiel mit den Farben. In den Jahren danach züchteten Paul Theoboldt aus Aulendorf, Hermann A. Hesse aus Weener-Ems und P. den Ouden aus Boskoop (Holland) weitere Sorten in den herrlichsten Schattierungen. Zwar ist ein klangvoller Name noch kein Zeugnis für den Wert einer Züchtung. Die weißblühenden 'Brautschleier', 'Irrlicht' und 'Weiße Gloria' sind jedoch so prachtvoll, daß man auf ihre Blüten in keinem Schattengarten verzichten kann. Ein wundervolles Kolorit in Rosa zeigen 'Cattleya', 'Gloria' und 'Tamarix'. In Dunkelrosa steht uns von den empfehlenswerten Sorten 'Federsee' zur Verfügung. Schließlich klingen im sommerlichen Blütenkonzert die roten 'Feuer', 'Else Schluck', 'Fanal', 'Glut' und 'Spinell' am stärksten.
Alle Sorten, die im Juli das Talent zum vorzeitigen Blühen haben, sollten wir ebenso bevorzugen wie alle Nachzügler, die nach der Flut des Hochsommerflors im September erscheinen. Unter diesen Kreuzungen befinden sich die sogenannten Japonica-Hybriden. Mit einem Vorschuß auf den Hochsommer erscheinen sie meist schon im Juni. Hellviolett blüht 'Mainz', dunkelrosa 'Bremen', weiß 'Deutschland', hellrosa 'Europa' und rot 'Red Sentinel'. Das Prädikat »vorzüglich« verdient ohne Zweifel die violettrosa *Astilbe chinensis* var. *pumila* mit ihren hell-

rosa Sorten 'Finale' und 'Serenade'. In Mode kamen sie nicht erst, als man feststellte, daß sie sich nicht nur ausläufertreibend als Bodenbedecker empfehlen. Sie ertragen auch die Trockenheit. Für niederschlagsärmere Gebiete sind sie deshalb besonders gut geeignet. Neben diesen Pflanzenzwergen ist *A. chinensis* var. *taquetii* 'Superba' eine kraftvolle Staude, die mit ihren purpurrosa Blüten recht hoch hinaus will. Der anspruchsvolle Eindruck, daß sie hart genug ist, kontinentales Klima und Trockenheit zu ertragen, besteht zu Recht. Wie ein langer Atemzug blühen sie im Sommer dem Herbst entgegen.

Beinahe hätte ich es vergessen – Simplicifolia-Hybriden haben bei der Vergabe von Wertzeugnissen unter den Besten abgeschnitten. Als empfehlenswert wurden die rosa 'Atrorosea', die weiße 'Praecox Alba' und die hellrosa 'Rosea' eingestuft.

Weiß und Rosa sind auch die dominierenden Farben bei den Thunbergii-Hybriden. Während der sommerlichen Hochblüte erscheinen zusammen mit den Simplicifolia-Sorten die rosa 'Straußenfeder' und die weiße 'Moerheimii'.

Die Astilben wachsen nirgendwo schöner als in Gebieten mit hoher Luftfeuchtigkeit. Am besten bekommt ihnen das niederschlagsreiche Küstenklima und die waldreichen Mittelgebirge. Dort, wo ein optimales Astilbenklima vorherrscht, können sie frei in der Sonne stehen. In den niederschlagsärmeren Gebieten und im trockenen Binnenland halten wir die Astilben in Schatten- und Halbschattenpartien. Strahlend weiß, rosa und rot – dazu noch zwanzig Astilbenbegleiter –, jede einzelne Sorte in Gruppen gepflanzt, so treten sie uns auf meisterhaft gepflanzten Beeten entgegen. Doch wer ein wirklicher Astilbenfreund ist, wird immer Gelegenheit finden, ihre zarten Pastellfarben unter dem Sonnenschutz von Mauern, Bäumen und Sträuchern zur Wirkung zu bringen. Nur ihr Austrieb leidet manchmal unter der Peitsche von Pankratius, Servatius und Bonifatius. Man darf sie deshalb nicht in spätfrostgefährdete Lagen und in Frostlöcher setzen. Nicht auszudenken, wenn die jungen Austriebe von den Eisheiligen getroffen werden! Doch die »erfrorenen« Astilben sind trotzdem entschlossen, noch in diesem Jahr zu blühen. Und wenn sie im Sommer ihre »Federbüsche« treiben, merkt man nichts mehr von den gebräunten »Jugendblättern«.

Vielen Leuten macht es Spaß, in Gartendingen mit dem Bleistift zu planen. Man kann natürlich des Vielen zu gut tun. Um beim Thema Astilben zu bleiben, wird es nicht schaden, die schattigen Gartenflächen zu berechnen. Beim Aufgeben von Bestellungen muß man nämlich wissen, daß vier bis sechs Astilben für einen Quadratmeter reichen. Wenn wir nach weiteren Schattenstauden Ausschau halten, dann bieten sich die Silberkerzen, der Eisenhut und die Japanischen Anemonen, die Epimedien und Kaukasus-Vergißmeinnicht, die Japan-Primeln, Lilien, *Geum*- und *Heuchera*-Sorten als Begleiter an. Wo sie an feuchtigkeitsgesättigten Ufern von

Teichrändern und Bachläufen wachsen, können sie auch im weniger astilbenfreundlichen Klima in der Sonne stehen. Besonders vorsichtige Astilbenliebhaber haben den Boden auf seine Durchlässigkeit geprüft, denn das Wasser darf die Wurzeln nicht überfluten.

Diese herrlichen Blüher standen jahrelang in dem Ruf, schlechte Schnittblumen zu sein. Wenn man ihnen mangelnde Ausdauer nachsagt, dann mag der Fehler bei uns liegen. In der Vase halten sie nämlich am längsten, wenn die Blütchen noch nicht zu rieseln beginnen, die Luft angefeuchtet wird und die Stielenden mit einem Hammer gequetscht werden.

Wo Rhododendron wachsen, da gedeihen auch Astilben. Am besten bekommt ihnen ein feuchter Humusboden. Trockene sand- und kalkhaltige Böden sind ihnen ein Greuel. Man kann Astilben nur pflanzen, wo mit Torfmull, Nadelstreu, Laub- oder Moorerde nicht gespart wird. Bei schweren Lehmerden und kalkhaltigen Sandböden machen wir erst gar nicht den Versuch einer Bodenverbesserung. Wir bringen auf den gewachsenen Boden eine 20 bis 30 cm hohe Schicht aus halbverrottetem Fallaub, Torfmull, Moor- oder Heideerde auf. Erleichtert wird den Astilben das An- und Weiterwachsen, wenn wir dem gut vorbereiteten Boden 100 g Nährsalz pro Quadratmeter geben, was nach unserer Tabelle auf Seite 29 einer Handvoll Blaudünger entspricht. Nach dem Ausbringen werden die Volldüngemittel gleichmäßig eingehackt. Hier gelten dieselben Pflanzzeiten wie bei vielen Stauden im Frühjahr und Herbst. Wenn sie in Wurzelkonkurrenz mit benachbarten Gehölzen und Stauden stehen, sollte man mit weiteren Nährsalzgaben nicht sparsam sein. Zweimal im Jahr, Anfang Mai und Anfang Juni, wird jeweils eine geschlossene Handvoll Blaudünger zwischen fünf Astilben verteilt und gut eingewässert.

In heißen Sommern muß ständig ein Schlauch bereitliegen. Das Gießen, Spritzen und Beregnen lohnt sich in Trockenzeiten. Der Astilbenliebhaber wird bald merken, daß bei genügender Bodenfeuchtigkeit weder die Blattspitzen eintrocknen noch die Blüten zurückbleiben.

Wenn es im Oktober an den großen Gartenputz geht, sollte man auf alle Astilben achten, die mit ihren Wurzeln aus dem Boden herausgewachsen sind. Es läßt sich nicht länger übersehen – ein Teil muß umgepflanzt werden. Vermutlich läßt sich dieses Herausnehmen, Teilen und Setzen noch was verschieben, wenn man zwischen die Astilben eine fingerstarke Torfschicht streut. Mit den Jahren werden sie so lebensmüde, daß sie trotz Torf- und Düngergaben in der Mitte kahl werden. Die überalterten Astilben nimmt man aus dem Boden und teilt die fleischigen Rhizome in etwa faustgroße Stücke. Nach einer guten Bodenverbesserung können sie bei ausreichendem Winterschutz noch im Herbst gepflanzt werden.

Astilbe-Arendsii-Hybride 'Diamant'.

Wenn die Astilben mit vertrocknetem Laub im Garten herumstehen bieten sie keinen Anreiz für die Schädlinge. Und wenn an heißen Tagen und in lauen Nächten die Verdunstungsfeuchtigkeit über die Blätter streicht, verspüren die Spinnmilben und Blattläuse wenig Lust, sich auf den Pflanzen niederzulassen. Trotz eifrigen Suchens nach Schädlingen möchte ich Ihnen raten: Verschwenden Sie nicht ihre kostbare Zeit, denn auf den Astilben ist höchst selten ein ungebetener Gast zu finden.

Margerite *Chrysanthemum coccineum, C. leucanthemum, C. maximum*

Frühlingsmargerite, lateinisch *Chrysanthemum leucanthemum,* so lautet der Name einer heimischen Wiesenblume, die nachweisbar vor einem halben Jahrtausend von Klostergärtnern zu einer Rabatten- und Schnittstaude veredelt wurde. Als einen Beitrag zur Gartenkultur verdanken wir den Pyrenäen unsere Sommermargerite *C. maximum*. Wer ältere Gartenbücher und Staudenkataloge durchblättert, findet als gebräuchliche Bezeichnung für die Bunte Staudenmargerite *C. coccineum* den Namen »Pyrethrum«. Der Urtyp dieser bunten Margeritenrasse ist bei uns nicht mehr in Kultur. Aber man ist sicher, daß sie zu Anfang des 19. Jahrhunderts von größeren und kleineren Expeditionen im Kaukasus und Armenien gefunden wurde.

Wenn auch viele Pflanzenfreunde die anmutigen Wildformen einer blendenden Schau hochgezüchteter Sorten vorziehen – dem Zauber einer Gartenmargerite kann sich wohl niemand entziehen. Wer die einfachen Formen im Großmutter-Look liebt, sollte sich in den Staudengärtnereien nach der Frühlingsmargeriten-Sorte 'Maistern' durchfragen. Etwas kraftvoller sind die Sommermargeriten. Die größten, 'Harry Pötschke' und 'Schwabengruß', wollen mit ihren hundert Zentimeter recht hoch hinaus. Im einfachen Weiß erblühen 'Beethoven', 'Gruppenstolz' und 'Polaris'. Den Sorten 'Christine Hagemann', 'Julischnee' und 'Heinrich Seibert' hat man so viele Blütenblattkreise angezüchtet, daß sie halbgefüllt sind. Die Bunten Staudenmargeriten bringen einen Überfluß in Hellrosa ('Eileen May Robinson' und 'Strahlenkrone'), in Karminrot ('Granatstern' und 'James Kelway') und in Weiß ('Aphrodite' und 'Mont Blanc') in den Garten. Mit den Bunten Staudenmargeriten erwacht im Mai die schlafende Staudenrabatte. Ihre farbenfrohen Sterne passen gut zu den frühen *Erigeron*-Sorten, die im Sommer von den roten Monarden und den gelben Goldgarben abgelöst werden. Im Mai und Juni blühen auch die Frühlingsmargeriten, denen sich im Juli und August die Sommermargeriten anschließen. Ihre weißen Blütensterne dürfen wir nur sparsam verwenden. Wenige Lichtpunkte genügen, um das Blau des Rittersporns, das Gelb der Goldgarben und das Rot der Monarden zu steigern. Wenn fleißig Blütensträuße geschnitten werden, finden die Margeriten gar nicht die Zeit, Samen anzusetzen. Das Ausstreuen von Samen kann bei *C. leucanthemum* sehr lästig sein, da sie den ganzen Garten mit Sämlingen verseuchen. In die Vase können alle Margeriten nach dem Öffnen der Knospen gestellt werden. Den Pflanzen sollte man nur genügend Blätter lassen. Mit den langstieligen Sorten ist es ohnehin nicht schwer, große Sträuße zu binden.

Es ist enttäuschend, wenn nach einer Herbstpflanzung die Margeriten ausbleiben. Dabei hat man alles getan. Bei der Vorbereitung der Staudenbeete wurde tief umgegraben und nicht mit Torfmull gespart. Doch wenn der Frost im Oktober einsetzt, sollte man keine Margeriten mehr pflanzen. Das Ein- oder Umsetzen darf spätestens nach der Blüte erfolgen, sonst wachsen sie nicht mehr an. In nassen und schweren Böden ist in jedem Fall einer Frühjahrspflanzung der Vorzug zu geben. Bei ausgeglichenen Humus-, Nährstoff- und Feuchtigkeitsverhältnissen bereitet die Überwinterung keine Sorgen. In jedem Fall sollte man darauf achten, daß die faustgroßen Teilstücke zwei bis drei Finger stark mit Erde bedeckt werden.

Wo die Bunten Staudenmargeriten und die *C. maximum*-Sorte 'Schwabengruß' steht, ist man mit dem Düngen etwas zurückhaltender. Eine geschlossene Handvoll Blaudünger ist für zehn Pflanzen und ein Jahr ausreichend. Den wesentlich kräftigeren Frühlings- und Sommermargeriten geben wir pro Jahr und Pflanze einen gehäuften Eßlöffel voll Blaudünger. Ein Überdecken der freiliegenden Wurzeln mit Komposterde wird von den alteingesessenen Pflanzen dankbar belohnt. Die großen Margeritenhorste haben einen enormen Wasserverbrauch. Wie üblich wird man in trockenen Sommern tüchtig wässern. Alle diese Pflegemaßnahmen können die Margeriten nicht vor einem Verpflanzen bewahren. Wenn sie schon nach wenigen Jahren lebensmüde sind, kann sie nur ein Umsetzen zur Ausdauer zwingen. Nach Jahren, in denen sie einen gesunden und wüchsigen Eindruck hinterlassen, neigen sie dazu, im Winter ohne ersichtlichen Grund einzugehen. Um ihre Lebenskraft zu erhalten, müssen sie alle drei Jahre nach der Blüte umgesetzt werden. Nach dem Hochheben des Wurzelstockes werden die Pflanzen in kleine Teilstücke zerlegt und nach einer gründlichen Bodenverbesserung wieder gepflanzt. In den verpflanzfreien Jahren läßt sich eine bescheidene Nachblüte erzwingen. Man schneidet die verblühten Margeriten auf Handbreite zurück und hilft in trockenen Sommern durch zusätzliches Gießen nach.

Auf das Wetter zu schimpfen ist kein Trost, wenn die Margeriten nach einem starken Landregen am Boden liegen. Wir sollten etwas früher daran denken und durch Schnurhafter die Pflanzen vor dem Auseinanderfallen bewahren.

Man erlebt es ziemlich häufig, daß die Margeriten von Krankheiten und Schädlingen befallen werden. Bei nassem Wetter sind es die Echten Mehltaupilze und der Grauschimmel, die Rost- und Blattfleckenkrankheiten. Von April bis Anfang Juni stellen sich die Schaumzikaden ein, im Mai/Juni verspinnen die Räupchen des Gipfelwicklers die Blätter, und im Hochsommer werden die Margeriten bevorzugt von Blattwanzen befallen. Daß die Blattälchen auf alle Chrysanthemen-Arten abonniert sind, gehört ebenso zu den großen Plagen wie die Blattminierfliegen, Blattwanzen und Eulenraupen. Was man gegen diese Unholde tun kann, ist im Kapitel

»Ungebetene Gäste« auf den Seiten 30 bis 36 beschrieben. Wo zur Bekämpfung von Älchen mit schweren Geschützen aufgefahren werden muß, beachte man bitte den entsprechenden Absatz beim Sommerphlox auf Seite 110.

Netzblattstern *Coreopsis verticillata*

Die Vorfahren unserer Großblütigen *Coreopsis verticillata* 'Grandiflora' wurden 1750 aus Nordamerika in unsere Gärten gebracht. Viele dieser unbekannten Pflanzenjäger waren nicht nur Sammler, sondern Züchter und Handelsgärtner.
Wie aus einem Stück geschnitten erscheinen ihre gelben Blütensterne. Von Juni bis September befinden sie sich so im Gedränge, daß man von dem nadelartigen Blattfiligran kaum etwas zu sehen bekommt. Dieser Überschuß an Gelb läßt sich noch steigern, wenn ihnen ein Widerpart in Form von roten Monarden gegenübergestellt wird. Es wäre unverzeihlich, neben dem Goldgelb der *Coreopsis* keine anderen Farben zu verwenden. Wer das Zusammenspiel von Gelb und Rot fürchtet, kann durch maßvolles Dazwischenstreuen blauer Sorten von *Scabiosa caucasica* das Bild etwas auflockern.
Daß sich *C. verticillata* durch Ausläufer nach allen Seiten ausbreitet, verwundert kaum, wenn man erlebt, wie problemlos dieser Massenblüher als Gartenstaude ist. Mitunter können sie auch lästig werden, wenn sie mit ihrem dichtverwobenen Wurzelwerk weniger robuste Nachbarn bedrängen. Allzu Ängstliche wissen mit dieser wachstumsfreudigen Pflanze wenig anzufangen. Dabei läßt sich ihre Lust am Wuchern herrlich für Einfassungen und zur großflächigen Bepflanzung von Böschungen ausnutzen. Für derartige Massenverwendungen genügen sechs bis acht *Coreopsis* für einen Quadratmeter. Daß sich bei einer solchen Häufung von Blüten die *Coreopsis* fast unbegrenzt für bunte Sträuße schneiden lassen, versteht sich von selbst.
In einem guten Gartenboden spielt es keine Rolle, ob im Frühjahr oder im Herbst gepflanzt wird. Die *Coreopsis* entwickeln ihre Sterne am schönsten, wenn man die Horste während der Trockenzeiten fleißig wässert. Im Frühjahr kann auch eine Handvoll Blaudünger, auf einen Quadratmeter verteilt, zum Blühen beitragen. Dieser Kraftüberschuß auf der Staudenrabatte läßt sich nur durch regelmäßiges Umpflanzen bremsen. Alle drei bis vier Jahre sticht man sie heraus, teilt die Wurzelknäuel und pflanzt sie nach gründlicher Bodenvorbereitung wieder auf. Die *Coreopsis* blühen dann beständig, auch wenn man das Auslichten oder Zurückschneiden im Sommer unterläßt. Im Spätherbst ist ein Rückschnitt bis zum Boden ebenso selbstverständlich wie eine gelegentliche Schädlingskontrolle, von denen sie offensichtlich sehr selten befallen werden.

Dahlie *Dahlia-Hybriden*

Um ehrlich zu sein: Ich weiß es auch nicht – gehören sie nun zu den Gartenstauden oder gehören sie nicht dazu? Daß es Stauden sind, wird niemand bezweifeln und daß es sich um hochgezüchtete Pflanzen handelt, kann man in jedem Hausgarten sehen. Wenn es unser Klima erlauben würde, könnten ihre Wurzelknollen im Freien überwintern. Dann bestünde wohl kein Zweifel daran, daß sie echte Gartenstauden sind.

1789, im Jahr der Französischen Revolution, kamen die ersten Dahliensamen nach Spanien. Unter dem Nachlaß des spanischen Arztes Francisco Hernandez, der in den Jahren 1571 bis 1577 in Mexiko lebte, finden sich schon Aufzeichnungen über das mexikanische Unkraut »Cocoxochitl«. Der Direktor des Botanischen Gartens von Madrid, Abbé Antonio José Cavanilles, dürfte der erste Gärtner Europas gewesen sein, der sich als Hybridenzüchter an Dahlien versuchte. Auf jeden Fall benannte er diese zentralamerikanische Pflanze nach einem Schüler Linnés, dem schwedischen Botaniker Andreas Dahl. Genau gesagt, trägt die Dahlie den Doppelnamen *Georgia.* Der Berliner Botaniker Willdenow wollte damit seinen Freund, den Petersburger Botaniker und Züchter Georgi, ehren.

Nach ihrer Einführung veränderten sich die Dahlien und mit der Zahl neuer Sorten auch das Gesicht unserer Gärten. Mit Ausdauer, Phantasie und Fleiß haben sich viele Züchter bemüht, aus den mexikanischen Wilddahlien neue Formen hervorzubringen. Das glückte ihnen so vollkommen, daß es inzwischen nicht nur Sorten, sondern auch Klassen wie Mignon-, Seestern-, Anemonenblütige-, Halskrause-, Cactus-, Semicactus-, Schmuck-, Ball- und Pompondahlien gibt. Mit diesen einfachen und gefüllten Formen wetteifern inzwischen weitere neun Klassen, wie man unschwer in jedem größeren Dahlienkatalog nachsehen kann. Dem Züchterfleiß eines Leipziger Hofgärtners ist es zu danken, daß es im Jahre 1806 bereits 55 einfache und halbgefüllte Sorten gab. Man kann es nicht erahnen, wieviele Tausende und Abertausende von Sorten inzwischen erschienen und wieder in der Namenlosigkeit versunken sind. Bei diesem ständigen Kommen und Gehen ist es nicht einfach, Sortenempfehlungen zu geben. 1972 standen ganz oben: als beste deutsche Züchtung die leuchtendrote Semicactusdahlie 'Bonn am Rhein', als beste Auslandssorte die blutrote Semicactusdahlie 'Enzersdorf', als beste Gruppensorte die orangefarbene Semicactusdahlie 'Blütenmeer', als beste kleinblumige Sorte die rote Balldahlie 'Parkfeuer' und als die beste Liebhabersorte die karminviolette dekorative Dahlie 'Défilée'. Man möge es mir nachsehen, wenn ich von einer weiteren Aufzählung absehe. Dafür sei auf das große Angebot der Spezialgärtnereien verwiesen.

Der unerhörte Formen- und Farbenreichtum der Blüten verführt vor Mauerwerk, am Zaun und auf großen Beeten zu Dahlienpflanzungen en masse. Die einfachblühenden Mignon-, Seestern- und Anemonenblütigen Sorten sind unentbehrliche Lückenfüller auf Sommerblumen- und Staudenbeeten. Die Dahlienzüchter haben nicht zu viel versprochen. Viele Sorten sind im Sommer kaum kniehoch, schon blühen sie in den schönsten Pastelltönen.
Wer aus dem Garten einen Festtagsstrauß holt, kann ungefüllte Dahlien kurz vor der Entfaltung ihrer Knospen, gefüllte Sorten dagegen erst im vollen Flor schneiden. Sie müssen dann recht tief im Wasser stehen. Vor dem Einordnen in die Vase wäre es angebracht, die Fäulniserreger erster Ordnung zu entfernen. Die Laubblätter faulen sehr rasch und verbreiten einen üblen Geruch. Dieses Faulen läßt sich durch täglichen Wasserwechsel oder antibakterielle Frischhaltemittel verhindern.
Wenn man durch die Launen des Aprils an der Gartenarbeit noch verhindert ist, sollte man die Zeit nützen und im Keller die Dahlien für die Frühjahrspflanzung vorbereiten. Sehr große Wurzelknollen kann man in drei und sechs Stücke zerlegen. Nicht, um den ganzen Garten mit Dahlien zu füllen, sondern weil sie einfach eine gelegentliche Verjüngung notwendig haben. An jedem Teilstück muß sich ein Stengel mit Auge befinden, denn die Dahlien besitzen sogenannte Wurzelknollen ohne Augen.
Vor dem Pflanzen sollte man sich im klaren sein, welche Sorten einer Stütze bedürfen. Durch Regen und Wind werden große und schwere Dahlien sehr leicht umgeworfen. Das Einschlagen der Dahlienstecken ist die Vorarbeit für die spätere Pflanzung. In der ersten Maihälfte können die Wurzelknollen bis zu 10 cm in die Erde kommen. Hohe Sorten werden in einem Abstand von 80–100 cm, Dahlienzwerge in einer Entfernung von 40–70 cm ausgepflanzt.
Wenn mit zunehmendem Wachstum die hohen Sorten das Übergewicht bekommen, merkt man erst, wie gut es war, für eine Stütze zu sorgen. Wer besonders schöne Pflanzen erzielen will, sollte mit dem Düngen nicht sparen. Von der organischen Seite können wir es mit Komposterde oder stark verrotetem Stalldung, 100 g Oscorna oder Manna auf einen Quadratmeter versuchen. Wer auf anorganische Dünger schwört, gibt jeder großen Sorte zwei, den Dahlienzwergen eine geschlossene Handvoll Blaudünger. Daß bei anhaltender Trockenheit wiederholt und durchdringend zu gießen ist, versteht sich bei dieser Masse an Verdunstungsfläche von selbst.
Wer es übers Herz bringt, in der Jugend überflüssige Triebe auszuknipsen, kann im Alter überdimensionale Blüten erwarten. Mit 30 cm Höhe fängt man an, die schwächsten Stengel auszubrechen. Man beläßt den Pflanzen nur noch drei bis fünf der stärksten Triebe. Später kommen auch die Seitenzweige und Nebenknospen

dran. So abgeknipst, formiert und geschnitten, erhalten wir langstielige Blüten, die erheblich an Umfang gewonnen haben. Ohne Messer, Blumenschere und Korb sollten wir ohnehin nicht zu den Dahlien gehen. Die einfachen Sorten blühen um so reicher, je gewissenhafter man die alten Blüten herausschneidet. Sie setzen sonst nur Samen an und verhindern eine weitere Knospenbildung.

Wenn die ersten Herbstfröste zu befürchten sind, kann man die Dahlien durch Überhängen von Tüchern schützen. Die Blütezeit vieler Sorten läßt sich dadurch verlängern. Dringt Frost in die Blüte, dann schneidet man die Dahlien 10 cm über dem Boden ab. Nach dem Hochheben der Wurzelknollen werden sie in einen frostfreien Raum zum Trocknen ausgelegt. Nur wenn sie gut abgetrocknet sind, kommen sie zum Einwintern. Ideale Überwinterungsräume sind luftige und frostfreie Keller mit 2–10 °C. Sie dürfen wohl dunkel, jedoch nicht dumpf und feucht sein. Die Entscheidung, ob man die Wurzelknollen von den Erdresten reinigt, hängt von der Luftfeuchtigkeit ab. Unter unseren Wohnräumen haben wir nur noch selten einen Kartoffelkeller mit Naturfußboden zur Verfügung. Die modernen »Betonbunker« werden von der Heizanlage so ausgetrocknet und temperiert, daß alles, was man an Knollen einlagert, schrumpft oder vorzeitig austreibt. In lufttrockene Kellerräume sollte man deshalb nur Dahlienknollen mit Erdresten bringen. Die Gefahr des Vertrocknens ist dann nicht mehr so groß. Dagegen benötigen Dahlien, die in einem feuchten Keller überwintert werden, keinen Erdmantel. Wenn sie in gewöhnliche Maschinenhobelspäne gebettet sind, können sie sowohl im trockenen als auch im feuchten Keller überwintern. Der Möglichkeiten und Rezepte, wie man sie gefahrlos durch den Winter bringt, gibt es noch viele. Bei Lufttrockenheit lassen sich die Knollen mit Torfmull oder Sand abdecken. Wenn es etwas feuchter ist, wird auf den Fußboden eine Lage Sand oder Torfmull gegeben. Auf diesem trockenen Polster schichtet man sie nebeneinander. In sehr feuchten Kellern empfiehlt es sich, die Wurzelknollen mit den Stielen nach unten zu lagern. Die Dahlien liegen dann nicht dem feuchten Boden auf, und die Luft kann zwischen den Wurzelknollen hindurchstreichen. Bei milder Witterung ist es ratsam, wiederholt nach den Dahlienknollen zu sehen. Eine sogenannte Lagerfäule breitet sich an warmen Wintertagen und bei hoher Luftfeuchtigkeit aus. Die Faulstellen sind auszuschneiden und die Wunden mit Holzkohlen- oder Orthocid-Staub einzupudern. Weitaus gefährlicher sind die Bakterienstengelfäulen, die *Verticillium*-Welke, die *Sclerotinia*-Stengel- und -knollenfäule. Sie greifen sehr leicht auf die Stengel über und vernichten die Pflanzen. Nicht nur die verschiedenen Fäulniserreger in der Erde machen den Pflanzen zu schaffen. Schuld daran sind dreizehn bakterielle und pilzliche Erreger, denen schwer beizukommen ist. Wenn das große Welken beginnt, hilft nur noch Orthocid 50, Du Pont Benomyl oder baldiges Entfernen und Verbrennen der kranken Pflanzen. Bei den tierischen Schädlingen sieht es nicht viel besser aus. Im Boden finden wir Wurzelälchen und Wurzelmilben, Engerlinge, Drahtwürmer und Erdraupen. Nach dem Austreiben sind die jungen Dahlientriebe eine beliebte Delikatesse für die Schnecken. Was man gegen sie und die lästigen Ohrwürmer, Spinnmilben, Blattwanzen, Kleinzikaden, Blattläuse und Eulenraupen tun kann, darüber können Sie sich auf den Seiten 31 bis 34 informieren. Dagegen läßt sich nicht mit pilz- und insektentötenden Mitteln die sogenannte Stauchekrankheit der Dahlien bekämpfen. Als Ursache treten ein oder mehrere Viren auf. Diese rätselhaften Erreger besitzen die Fähigkeit, sich im Saft lebender Zellen sehr schnell zu vermehren. Viruskranke Dahlien stocken mit dem Wachstum. Die Laub- und Blütenblätter verfärben sich mosaikartig oder vergilben, die Blätter kräuseln oder reißen auf. Durch frühzeitiges Bekämpfen von Virusübertragenden Blattläusen und Blattwanzen kann die Ausbreitung der sogenannten Stauchekrankheit bei Dahlien verhütet werden. Deshalb frühzeitig spritzen und kranke Pflanzen entfernen.

Rittersporn *Delphinium-Hybriden*

Blau ist die Farbe der Romantik und des Rittersporns. Mit auserlesenem Geschmack haben begnadete Züchterhände vor einem Jahrhundert begonnen, den Blütenstaub von *Delphinium grandiflorum* aus Ostsibirien und Westchina, von *D. brunonianum* aus Westtibet, von *D. cheilanthum* aus Sibirien und von *D. formosum* aus Kleinasien und dem Kaukasus auf unseren europäischen Rittersporn *D. elatum* zu übertragen. Was ist aus diesen Kreuzungen geworden? Eine Belladonna-Gruppe, eine Pacific-Gruppe und eine Elatum-Gruppe.

Den »Blüten-Oscar« für die absolut zuverlässigste Belladonna-Rittersporn-Sorte erhielt die enzianblaue 'Völkerfrieden'.

Die Pacific-Hybriden sind von einer levkojenhaften Schwere. Ohne Blütenstütze werden sie von jedem Windstoß geknickt. Ihre Blüten erscheinen in himbeerrosa und weißen, reinblauen und dunkelvioletten Rispen. Südlich der Mainlinie und in den Mittelgebirgsgegenden sind sie nur auf den Sommer beschränkt. Jeder kalte Winter verkürzt ihnen das Leben. In manchen Jahren mag es einem Teil von ihnen glücken, unter der schützenden Decke von Nadelholzzweigen einen milden Winter zu überdauern. Man behandelt sie deshalb wie Sommerblumen. Wer die Möglichkeit der Vorkultur in einem temperierten Zimmer, in einem Kleingewächshaus oder geheizten Frühbeet hat, muß sie im Januar/Februar aussäen. In verwöhnten Landstrichen, die nicht unter der Herrschaft der Eisheiligen stehen, geht man Ende April mit den Sämlingen ins Freie. Wo Pankratius, Servatius und Bonifatius zu streng regieren, kann man den Pacific-Rittersporn erst gegen Ende Mai in den Garten setzen. Er blüht dann ganz sicher im August. Von auserwählten Sorten wird aus kalifornischer Ernte eine ganze Kollektion farbechter Herkünfte im Fachsamenhandel angeboten. Wer das Sortiment dieser 120–180 cm hohen Pacific-Riesen betrachtet, findet Farben, die er beim Rittersporn gar nicht vermutet. Himbeerrosa blüht 'Astolat', zartrosa 'Elaine', reinblau 'Blue Jay' und reinblau mit weißem Auge 'Blue Bird', himmelblau mit weißem Auge 'Summerskies', dunkelviolett 'Black Knight', lavendel mit Creme-Auge 'Camelliard', hellrosiglavendel mit weißem Auge 'Guinevere', purpurviolett 'King Arthur' und reinweiß 'Galahad'.

Die Elatum-Hybriden sind ein großes und starkwachsendes *Delphinium*-Geschlecht, dessen Zahl in die Tausende geht. Zahllose Sorten stehen um unsere Wohnräume, andere blühen in den Parkanlagen und im städtischen Grün. Ganz oben auf der Züchterliste steht der Name Karl Foerster aus Bornim bei Potsdam. Er verstand es in seinem langen Leben, unermüdlich für den Rittersporn zu werben. Ihm verdanken wir die besten und haltbarsten Sorten mit einer unvorstellbaren Reinheit in Blau. An vorzüglichen Foerster-Sorten mit drei Sternchen finden wir in Hellblau 'Berghimmel', in Dunkelblau 'Finsteraarhorn' und in Hellblau mit Rosa 'Perlmutterbaum'. Die Liste dieser hervorragenden Züchtungen wäre ohne die dunkelblaue 'Sommernachtstraum' der Firma Kayser und Seibert aus Roßdorf bei Darmstadt unvollständig.

Der Hang zur »Gelbsucht« ist in unseren Gärten sehr groß. Goldgarben und *Coreopsis*, Sonnenbraut, Sonnenblume und Sonnenauge, Taglilien, Rudbeckien und Goldruten, alles blüht gelb. Diesem Überangebot begegnen wir im Juni/August und im September/Oktober mit dem Rittersspornblau. Alles was diesen herrlichen Blickfang abschwächen konnte, sollten wir aus ihrer Nähe verbannen. Der Rittersporn verdient als Einzelpflanze, mitunter auch in kleineren Gruppen, einen Platz in der vordersten Reihe.

Wenn man verhindern will, daß es keine zu Boden geregnete und geknickte Rittersspornblüten mehr gibt, sollte man dafür sorgen, daß sie in gedrungener Festigkeit heranwachsen. Schatten und die bedrückende Enge von Staudennachbarn liegen ihm gar nicht. Deshalb sollten wir ihm viel Gartenfläche zugestehen. Im ersten und im zweiten Jahr können zwischen dem jungen Frühjahrsgrün ein paar rote Tulpen oder gelbe Narzissen stehen. Aber später bilden sich Riesenhorste, die im Juni fünf, zehn oder gar zwanzig Blütenkerzen treiben. Zusammen mit den roten Polyanthahybrid- und Floribundarosen beherrschen sie dann für Wochen das Gartenbild. Leider muß man beim Schneiden von Rittersspornblüten daran denken, daß sie in der Vase nicht sehr lange halten. Voll erblüht beginnen die älteren Blumenblätter

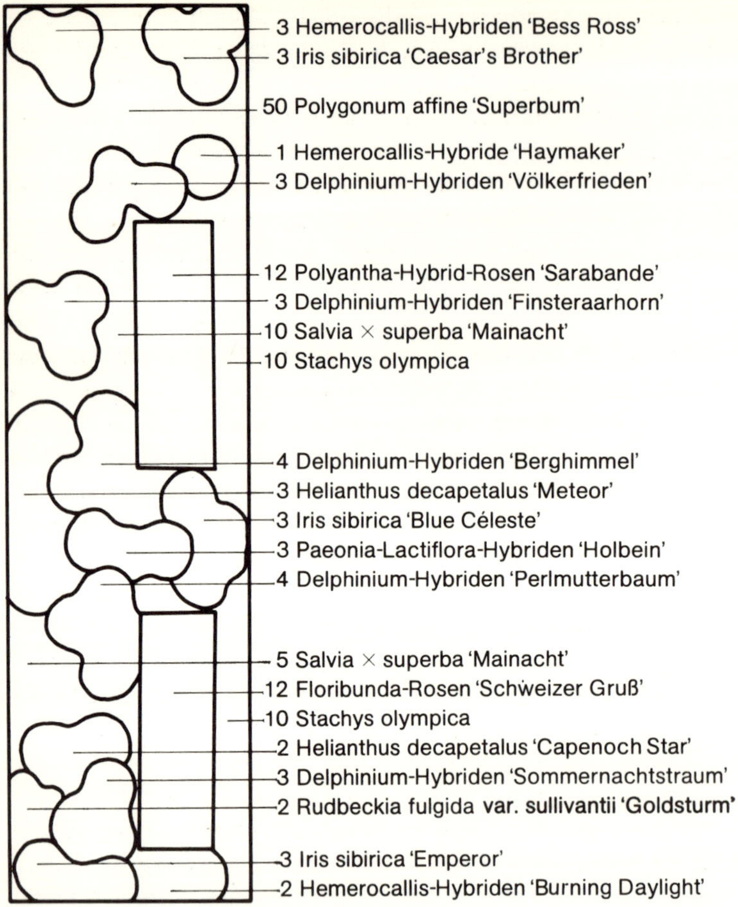

Rittersporne in guter Gesellschaft. Beet 9 Meter lang und 2,5 Meter breit.

sehr schnell zu rieseln. Man schneidet sie deshalb sofort nach dem Öffnen der unteren Blüten. Die besten Schnittblumeneigenschaften besitzen die Sorte 'Finsteraarhorn', die Belladonna-Hybride 'Völkerfrieden' und die Pacific-Hybriden.
Wenn man Rittersporne pflanzen will, dann muß der Boden schon sehr humos sein. Bei extrem trockenen Sandböden und schwerem Lehm hilft wirklich nur der Torf. Von September bis November und im März/April können wir den Rittersporn setzen, wobei darauf zu achten ist, daß die Pflanzen nicht zu tief in die Erde kommen. Wenn man von den erhofften fünf, zehn oder gar zwanzig Blütenkerzen nur die Hälfte bekommt, dann sind entweder Schädlinge am Werk, oder es sind uns Nachlässigkeiten beim Gießen und Düngen unterlaufen. Am wahrscheinlichsten ist, daß es höchste Zeit wird, den Pflanzen mit Blumendüngergaben nachzuhelfen. Zur Erhaltung der Blühkraft muß der Rittersporn aus dem Vollen schöpfen können. Wenn im April seine handförmig gelappten Blätter erscheinen, bekommt jede Pflanze einen gehäuften Eßlöffel Blaudünger. Rittersporne, die das zweite Jahr im Garten stehen, erhalten nach vier Wochen einen weiteren gehäuften Eßlöffel Blatt- und Blütennahrung. Im dritten Jahr sind es dann drei und im vierten und in den folgenden Jahren vier gehäufte Eßlöffel Blaudünger. Die Nährsalze verteilt man vom Frühjahr bis zum Frühsommer in mehreren Gaben. Nach dem Ausstreuen des Blaudüngers, an heißen Tagen und während längerer Trockenperioden ist der Rittersporn durchdringend zu wässern.
Wenn die Pflanzen in gedrungener Festigkeit heranwachsen, ist es kaum erforderlich, mit stützenden Stäben einzugreifen. Nur bei den kopflastigen Pacific-Hybriden kommt man nicht darum herum, die schweren Blüten zu stäben.
Sowie sie verblüht sind, ist es gut, den Rittersporn auf eine Handbreite zurückzuschneiden. Die Pflanzen entwickeln dann im September/Oktober einen zweiten Flor. Selbst auf die Gefahr hin, daß nur noch kahle Stengel zurückbleiben, dürfen die Triebe nicht länger als 15 cm über dem Boden stehen. Ein sicherer Nachflor ist nur zu erwarten, wenn wir ihnen zusätzlich einen gehäuften Eßlöffel Blaudünger geben und bei Trockenheit durchdringend wässern. Sehr gut remontieren der Belladonna-Rittersporn 'Völkerfrieden' und die Sorten 'Frühschein' und 'Jubelruf' aus der Elatum-Gruppe.
Um die Blühkraft des Rittersporns zu erhalten, wird es nach sechs Jahren Zeit, die Pflanzen herauszunehmen und in faustgroße Stücke zu teilen. Nach einer gründlichen Bodenverbesserung mit Torfmull oder Komposterde und einer Organdüngung mit zwei Handvoll Manna oder Oskorna pro Quadratmeter Pflanzfläche kann der Rittersporn wieder an seinen alten Platz.
Wenn der Boden zu viel Stickstoff bekommen hat, die Pflanzen zu dicht oder zu schattig stehen, stellen wir nach einem niederschlagsreichen Frühsommer mit Ent-

setzen fest, daß in Erdnähe die Triebe erst braun, dann schwarz werden. Bei vielen Blütenständen helfen dann nur noch Stäbe. Mit dem Hochbinden allein ist es auch nicht getan. Die Pflanzen sind nur dann noch zu retten, wenn gegen ein halbes Dutzend von möglichen Pilzen ein Fungizid angewendet wird. Im Gießverfahren werden 5–10 g Du Pont Benomyl in 10 l Wasser aufgelöst und im zwei- bis vierwöchigem Abstand gegossen. Sollte auch dieses Allheilmittel nicht mehr helfen, dann greift man zum Spaten und bringt die kranken Pflanzen an einen Platz, wo kein Rittersporn mehr angesteckt werden kann.
Bei sehr feuchter und kühler Witterung, dichtem und schattigem Stand können sich auf den Blättern die braunschwarzen Flecken der bakteriellen Schwarzfleckenkrankheit oder die tiefschwarzen Blattflecken der Phyllosticta-Blattfleckenkrankheit bemerkbar machen. Gegen beide Krankheiten setzen wir Grünkupfer ein. Nach der ersten Blüte legt sich der weiße Pilzbelag des Echten Mehltaus über die Pflanzen. Ganz sicher hilft hier eine 0,1%ige Du-Pont-Benomyl-Spritzung. Als unangenehme Frühjahrsbesucher stellen sich die Schnecken ein. Ihre Gefräßigkeit richtet sich bevorzugt auf die jungen Austriebe. Mit Schneckenkörnern dürfte es nicht schwer sein, eine sofortige Wirkung zu erzielen.

Tränendes Herz *Dicentra spectabilis*

Wer die Anmut höher schätzt als die Pracht, erinnert sich mit Freuden an die Zeit unserer Großeltern, als das Tränende Herz in jedem Bauerngarten zu finden war. Das 19. Jahrhundert war eine blumenfreudige Zeit. Aus aller Welt wurden Einjahrsblumen und Stauden auf dem Land- und Schiffsweg herangebracht. Als der Schotte Robert Fortune in seinem Expeditionsgepäck von der chinesischen Insel Kushan das Tränende Herz nach England einführte, kam es 1847 in Europa erstmals in Blüte. Die herzförmigen Pendelblüten sind so bekannt, daß man sie nicht eingehender zu beschreiben braucht. Dagegen dürften wohl nur wenige Staudenfreunde wissen, daß es neben der rosaweißen Stammform noch eine reinweiße Sorte 'Alba' gibt.
Im Mai und Juni wiegen sich reihenweise die Herzchen auf elegant gebogenen Trieben. Leider ist das Tränende Herz recht selten geworden in unseren Gärten. Dabei wächst es nirgendwo besser als in einer verträumten Ecke, wo es als Solitärpflanze stärker wirkt als in einem großen Staudenbeet. Der aufmerksame Beobachter wird es deshalb immer als Einzelgänger und nie als geselliges Gewächs auf die Rabatte pflanzen. Erst die Erfahrung hat gelehrt, daß das Tränende Herz viel Ruhe benötigt, um im Frühjahr zu blühen. Wenn es im Juli sehr heiß wird, zieht es seine Blätter ein. Das heißt, sobald die Blätter gelb geworden sind, wandert das

Laub auf den Kompost. Ein rasches Abwelken verzögert sich zwar in einem feuchten Frühsommer, zu verhindern ist es jedoch nicht. Wer durch diese großen, kahlen Stellen nicht an das Tränende Herz erinnert werden will, kann nach Art eines Bauerngartens in die Nachbarschaft die weitausgreifende Kapuzinerkresse, Nachtviolen, Goldlack, Vexiernelken, Sommerphlox, Christrosen oder gar die Gewürzpflanzen Ysop, Lavendel, Salbei und Zitronenmelisse pflanzen.
Mit den Frühjahrsblumen hat das Tränende Herz weder im Garten noch in der Vase eine Konkurrenz zu scheuen. Als Schnittblumen sind die Herzblumen nicht nur schön, sondern auch auffallend lange haltbar.
Der Halbschatten ist dem Tränenden Herzen lieber als das volle Licht. Wenn für eine ausreichende Bewässerung gesorgt wird, kommt es auch in der Sonne zum Blühen. Ideal sind natürlich alte Gartenböden, die über Generationen mit Humus angereichert wurden. Als Stalldungersatz steht uns Torf oder Komposterde zur Verfügung. Beim Pflanzen müssen wir darauf achten, daß erstens kein frischer Dünger an die Wurzeln kommt und zweitens die Pflanzen nicht zu tief in der Erde stehen. Sie blühen sonst nicht, beginnen zu faulen und verschwinden nach einiger Zeit. Mit dem Austrieb im Frühjahr wird um jede Pflanze ein gehäufter Eßlöffel Guano, Manna, Oskorna, getrockneter Geflügeldünger oder entöltes Rizinusschrot gestreut.
Die Erfahrung hat uns gelehrt, das Tränende Herz in Ruhe zu lassen, denn es bringt den Rest des Sommers ohne Pflege zu. Seine Horste werden mit den Jahren immer schöner. Selbst unseren liebsten Nachbarn sollten wir im Tauschhandel mit anderen Gartenraritäten nur ungern von den fleischigen Knollenwurzeln abgeben. Der brüchige Wurzelstock läßt sich nur widerwillig teilen. Das Frühjahr bringt ohnehin genug Gefahren. Durch die Aprilfröste werden in ungünstigen Lagen die jungen Triebe gebräunt. Weniger schön sind auch die lästigen Schnecken, die beim Austrieb über das junge Grün herfallen. Wenn man in frostgefährdeten Nächten Tücher zum Abdecken bereithält und gegen die Schnecken Fraßgifte ausstreut, ist man jede Sorge los.

Steppenkerze *Eremurus himalaicus, E. × isabellinus, E. robustus u. a.*

In reinstem Weiß und frischem Rosa, in Hell- und Dunkelgelb, dazu noch in 40 Arten, so präsentieren sich die *Eremurus*-Speere in den Steppen von West- und Mittelasien. Sie erscheinen wie ein Geschlecht von Riesen unter Zwergen. Steppenkerze, Steppenlilie, Lilienschweif und Kleopatranadel sind ihre stolzen Namen. Keine Staude bringt es fertig, so schnell zu wachsen und in kurzer Zeit gigantische Blütenkerzen zu entfalten. Ungeheuer kraftvoll durchbrechen sie wie »Riesenspargel« die Erde. Im Mai richtet sich bereits die weiße *E. himalaicus* auf das Blühen ein. Gewaltig sind die zartrosa, aufgeblüht fast weißen, Blütenkerzen von *E. robustus.* Sie haben die Standfestigkeit und die Höhe von ausgewachsenen Sonnenblumen. Die Frühjahrssonne erwärmt den Boden und regt ihre Kerzen im Mai/Juni zum Blühen an.

Erklärte Lieblinge aller *Eremurus*-Sammler sind die Ruiter- und Shelford (*E.* × *isabellinus*)-Hybriden. Im Gegensatz zu den Wildformen zeigen sie bezaubernd schöne Pastellfarben in Kremweiß, Gelb, Bronze, Orange, Rosa und Rot. Während die Ruiter-Hybriden von Ende Mai bis Ende Juli etwa 200 cm hohe Blütenkerzen tragen, geben sich die Shelford-Hybriden etwas bescheidener. Sie stecken ihre farbenfrohen Blüten im Juni/Juli an 60–120 cm hohen Kerzen auf.

Ein Gärtner mit Herz stellt die Steppenkerzen solitär in den Garten. Nachbarn mit starkem Ausdehnungsdrang hält man am besten fern. In rechter Einschätzung ihrer Solitärstellung erregen diese »Lilienriesen« auf Steinterrassen und vor Mauern, auf der Staudenrabatte und im landschaftlichen Garten großes Aufsehen. Man muß sich auf schmalen Rabatten vorsehen, damit ihre Blattschöpfe nicht zu sehr in die Wege hängen.

Viele Steppenkerzen richten sich schon im Sommer auf den Winter ein. Bei *E. robustus* beginnen die Blätter bereits während der Blüte abzusterben. Weitere *Eremurus*-Arten folgen im Sommer. Sie ziehen ihre Nährstoffe in seesternartige Rhizome zurück. Während der Ruhe hüllt sich der Lilienschweif in ein totales Schweigen. Es wäre jetzt verhängnisvoll, durch zusätzliches Wässern das Wachstum anzuregen. Damit der Boden im Sommer trocken bleiben kann, empfiehlt sich eine Benachbarung mit *Yucca* und *Kniphofia, Asphodelus* und *Asphodeline.* Man kann die Lücken auch mit dem überhängenden Grün von Kolkwitzien und Parkrosen verdecken.

Wenn die *Eremurus*-Blätter total vertrocknet sind, besteht die Möglichkeit, die seesternförmigen Wurzelstöcke zu verpflanzen. Beim Herausnehmen sind sie möglichst schonend zu behandeln. Sie dürfen auf keinen Fall einem Messer zu nahe kommen. Jede Beschädigung kann zu Fäulnis und damit zum Verlust der Pflanze führen. Im August/September tauchen sie auch im Verkaufssortiment der Staudengärtnereien und der Samenfachgeschäfte auf. Es ist enttäuschend, wenn wir mit viel Geld die kräftigsten Rhizome erstanden haben, die Pflanzen aber trotzdem

Oben links: Steppenkerze, Eremurus robustus.
Oben rechts: Pampasgras, Cortaderia selloana.
Unten links: Federmohn, Macleaya cordata.
Unten rechts: Silberkerze, Cimicifuga cordifolia.

Steppenkerze, Eremurus robustus.

Erigeron-Hybride 'Foersters Liebling'.

nicht blühen. Dabei hat man bei der Vorbereitung der Pflanzbeete alles getan. Mit Torfmull und Grobsand wurde nicht gespart, um den Lehmboden recht wasserdurchlässig zu machen. Die Ursache liegt tiefer. Vor dem Auslegen der Rhizome wird in undurchlässigen Böden und bei hohem Grundwasserstand vielfach vergessen, durch den Einbau einer Schotterschicht in 40 cm Tiefe für eine gute Dränage zu sorgen. Viele Steppenkerzen, die im Frühjahr nicht mehr erscheinen, sind nicht erfroren, sondern verfault. Bei einer Pflanztiefe von 15–25 cm sind sie ohnehin vor der Winterkälte geschützt. Zur Vorsicht wäre es angebracht, eine dünne Torf- oder Stalldungauflage zu geben. Wenn die *Eremurus* absolut trocken in den Winter gehen, brechen sie im Frühjhr kraftvoll durch den Boden. Gegen die Maifröste hilft nur das Überdecken mit großen Blumentöpfen, Kisten oder Tüchern. Unter einer Laubaufschüttung kommen sie wie getriebener Spargel zum Vorschein, der bleich und frostanfällig ist. Eine Nachhilfe mit dem Gartenschlauch und wiederholte Düngergaben fördern das Wachstum. Auf die Dauer können sie auf zusätzliche Nährstoffe nicht verzichten. Sei es, daß man sie jeden Herbst mit einer Stalldungauflage füttert oder im Frühjahr zwei Händevoll Blaudünger über einen Quadratmeter großen Eremurus-Horst verteilt. Ein ständig fließender Nährstoffstrom erspart uns das Umpflanzen des Lilienschweifs; seine Horste breiten sich dann aus und liefern so reichlich Blütenkerzen, daß es selbst für hohe Bodenvasen reicht.

Feinstrahl *Erigeron-Hybriden*

Häufig leuchten uns von Schuttplätzen und an den Wegerändern, von Brachland und Waldlichtungen ganze Horste weißer oder rötlicher »Asternblüten« entgegen. Aus der Nähe besehen, traut man seinen Augen kaum. Es handelt sich um das Kanadische Berufkraut *Erigeron canadensis.* 1655 wurden in einem ausgestopften Vogelbalg der Samen aus Nordamerika nach Frankreich eingeschleppt. Die Flugapparate der Früchte verbreiteten die Samen über Gärten und Äcker, Wegeränder, Kahlschläge und Ruinen. Die zierliche Eleganz ihrer feinstrahligen Blüten will nicht mit dem Beruf- oder Beschreikraut verwechselt werden – unser einheimischer *Erigeron acer* wurde früher den kleinen Kindern als Schutzmittel gegen das Berufen oder Behexen in die Wiege gelegt.
Mit den Stammeltern unseres großen *Erigeron*-Geschlechtes haben die Nachkommen aus dem nordamerikanischen Vogelbalg und dem heimischen Beschreikraut nichts zu tun. Bei den *Erigeron*-Hybriden handelt es sich um die Nachkommen des nordamerikanischen *E. speciosus* und des turkestanischen *E. aurantiacus.* Im Juni empfiehlt sich ein ganzes Dutzend Sorten: Weiß blüht 'Sommerneuschnee', rosarot 'Gartenmeister Walther', karminrosa 'Foersters Liebling' und 'Rote Schönheit', leuchtend rosa 'Rosa Triumph', dunkellila 'Wuppertal', hellviolett 'Strahlenmeer', leuchtend violett 'Adria', violett 'Blaue Grotte', dunkelviolett 'Dunkelste Aller', 'Schloß Hellenstein' und 'Violetta'. Das Weiß und Rosa, Hell- und Dunkelviolett ihrer asternähnlichen Blütenköpfe setzt sich aus einem vielfachen Strahlenkranz zusammen.
An den Beeträndern bunter Staudenpflanzungen und entlang der Wege finden die *Erigeron*-Sorten ihren Platz. Wer würde unter diesen zauberhaften Köpfchen ausgesprochene Schnittblumen vermuten? Halb bis voll erblüht sind sie in der Vase von langer Haltbarkeit. Für den Massenschnitt bieten sich 'Schloß Hellenstein', 'Gartenmeister Walther', 'Rote Schönheit' und 'Rosa Triumph' an. Die *Erigeron* halten es mit den Wicken. Wer ständig von ihnen Blüten schneidet oder gar die Zeit findet, sich um die abgeblühten *Erigeron* zu kümmern, kann im September

mit einem zweiten Flor rechnen. Wenn man sie nach der ersten Blüte zurückschneidet, kann bei den Sorten 'Adria', Schloß Hellenstein' und 'Wuppertal' ein sicherer Spätsommerflor erwartet werden. Mit etwas Aufbaunahrung setzen sie dann ein zweites Mal Knospen an. Für zehn Pflanzen genügt eine geschlossene Handvoll Blaudünger, den man nach dem Rückschnitt mit viel Wasser an die *Erigeron*-Wurzeln bringt.

Nach fünf Jahren wird es Zeit, an ein Verjüngen zu denken. Es ist einfach, aus einem *Erigeron*-Streifen Hunderte von Teilstücken für Beeteinfassungen zu bekommen. Für einen Quadratmeter werden etwa zehn Pflanzen benötigt. Wer in klimatisch ungünstigen Gegenden wohnt oder mit schwerem Lehmboden zu kämpfen hat, sollte mit dem Ein- und Umpflanzen bis zum Frühjahr warten. Die obligaten Düngerationen werden ein Jahr nach der Pflanzung gegeben. Daß sich dabei wuchernde Staudenungetüme entwickeln könnten, ist nicht zu befürchten. Eine geschlossene Handvoll Blaudünger, auf einen Quadratmeter verteilt, trägt zu einem gesunden Wachstum bei. In Trockenzeiten sollte durchdringendes Wässern verständlich sein, zumal wenn man weiß, daß die *Erigeron* aus den fruchtbaren Präriegebieten stammen.

Mit einer bitteren Überraschung muß man rechnen, wenn nach welkekranken Astern *Erigeron* gepflanzt werden. Die Pflanzenärzte bezeichnen diesen Pilz als *Verticillium alboatrum*. Man kann die kranken *Erigeron* mit dem Spaten herausnehmen und verbrennen oder der Müllabfuhr mitgeben. Ein vorbeugendes Angießen mit dem zwar teuren, aber sehr wirksamen Du Pont Benomyl sollte man dort vornehmen, wo weitere Korbblütler gefährdet sind. In einer 10-Liter-Gießkanne werden 10 g Benomyl-Spritzpulver aufgelöst. Sollte sich gleichzeitig der mehlig-weiße Belag des Echten Mehltaupilzes auf den Blättern einstellen, dann hat der Pilz keine Chance aufzukommen. Denn das Benomyl wird über die grünen Teile und die Wurzeln der Pflanze aufgenommen und im aufsteigenden Saftstrom transportiert. Dabei wirkt das Benomyl nicht nur vorbeugend, sondern auch heilend.

Oben links: Die Goldgarben werden sehr gern von den Streifenwanzen befallen.
Oben rechts: Der mehlig-weiße Pilzbelag des Echten Mehltaus auf den Blättern der Sommerphlox-Sorte 'Landhochzeit'.
Unten links: Schwertlilienblätter vom Blattbrand befallen.
Unten rechts: Malvenrost auf den Blättern der Stockmalve.

Erigeron-Hybride 'Sommerneuschnee'.

Gladiole *Gladiolus-Hybriden*

Die Gladiolen sind in unendlich vielen Varianten in unseren Gärten vertreten. Die Züchter bemühten sich schon zu Anfang des vorigen Jahrhunderts um die afrikanischen *Gladiolus cardinalis* und *G. psittacinus*. Aus diesen beiden Arten gingen unsere großblütigen Gladiolen-Hybriden (*G.* × *gandavensis*) hervor. Allerdings fehlte ihnen die Eleganz von Astilben, der blumige Duft von Reseden und die Winterhärte von Goldruten. Unsere Nasen werden auch heute noch nicht von den Gladiolen verwöhnt. Und wer nach winterharten Gladiolen Ausschau hält, muß sich an die Wildformen aus Mitteleuropa halten. Am schönsten sind der rotviolette *G. imbricatus* und der purpurrote *G. palustris*. Sie lieben nicht nur die sumpfigen

Wiesen ihrer ost- und süddeutschen Heimat. In Kultur sind sie mit jedem nahrhaften und feuchten Boden zufrieden. Der Charme dieser einfachen Schönheiten bedeutet für die Ästheten keinen Rückschritt. Ja, sie übertreffen in ihrer Eleganz die stolzen Züchtungen. Aus dieser Erkenntnis wurde der primelgelbe *G. primulinus* aus den Bergwäldern Ostafrikas mit den großblütigen Gandavensis-Gladiolen gekreuzt. So brachte das Gelb, Lachs und Orange mehr Farbe, Eleganz und gute Schnittblumeneigenschaften. Mit den einfachen Gladiolen wetteiferten in Frankreich die gefüllten Formen. Die Sucht nach Kuriositäten brachte es sogar fertig, sogenannte Hahnenkamm-Gladiolen mit kammartigen Auswüchsen zu züchten.

Was uns heute an großblumigen Gladiolen angeboten wird, ist eine Fülle von Sorten in Rosa, Lachs und Orange, Rot, Dunkel- und Weinrot, Violett, Weiß und Gelb. Mit ihren Farben kann man zaubern. Rosa haben wir in 'Charme' und 'Melodie', warmes Gelb in 'Goldstaub' und 'Hochsommer' und Weiß in 'Schneeprinzessin'. Was es über andere Sorten und Farben zu sagen gibt, finden wir in den Prospekten und Katalogen der örtlichen Samenfachgeschäfte und des Versandhandels.

Drei Monate beherrschen die Gladiolen mit ihrem Blühen das Gartenbild. Bei milder Witterung öffnen sich die Knospen der frühen Sorten im Anschluß an die Irisblüte in der zweiten Junihälfte. Sie werden dann im Juli und August von den mittelfrühen und späten Sorten abgelöst. Die Gladiolen lassen sich nicht nur in Trupps von drei, fünf oder neun Pflanzen auf der Irisrabatte ansiedeln; sie sind auch gute Beetstaudenbegleiter und Sommerblumen-Partner. Großartig kommen sie über dem blauen und weißen Blütenteppich des einjährigen Steinkrauts (*Lobularia maritima*), in einem Feld von Sommerastern, Löwenmäulchen und Tagetes, Zinnien, Verbenen, Petunien und Kapuzinerkresse zur Geltung.

Eine Gladiolenpflanzung ist nicht nur herrlich anzusehen, sondern zugleich ein fast unerschöpfliches Schnittblumenarsenal. Am besten halten Gladiolen in knospigem Zustand in der Vase, wobei man beim Schneiden möglichst viele Blätter schonen sollte.

Wenn Mitte April die letzten Schneeflocken durch den Garten wirbeln, kann man getrost mit dem Auslegen der Gladiolen beginnen. Wer bis zum Herbst eine stete Blütenfolge erreichen will, kann das Auslegen in Raten bis Ende Juni in die Länge ziehen. Die Gladiolenknollen sind in botanischem Sinn umgewandelte Sprosse und dienen als Nährstoffspeicher. Damit später die Blütentürme ohne Stäbe auskommen, legt man die Knollen 10 cm tief in den Boden. In schwerem Lehm genügen schon 7–8 cm, während man in extrem leichten Sandböden bis auf 15 cm Tiefe gehen muß. Am besten verwenden wir für das Auslegen kleine Pflanzkellen. Wenn mit einem Setzholz gepflanzt wird, läßt es sich nicht vermeiden, daß unter den

Knollen Hohlräume entstehen. Von Gladiole zu Gladiole muß eine Spanne vom Daumen zum kleinen Finger (15–20 cm) eingehalten werden. Kaum sind die Maifröste aus unseren Gärten gewichen, brechen die Spitzen der Laubblätter durch den Boden und schieben die Blütentriebe nach. Wo die Erde keine Nährstoff zu geben vermag, empfiehlt es sich, für ein rundes Dutzend Gladiolen eine geschlossene Handvoll Blaudünger vor oder nach dem Pflanzen zu geben.
Während die Staudennachbarn im Garten bleiben, machen sich die empfindsamen Gladiolen nach dem Abblühen fröstelnd davon. Noch vor dem Einziehen des Laubes werden die Knollen an einem regenfreien Tag aus dem Boden genommen. Nach dem Hochheben schneidet man die Blätter dicht über der Knolle ab. Wer sie von der feuchten und schweren Erde nicht reinigen kann, muß es sofort nach dem Abtrocknen der Knollen tun. Beim Entfernen der Wurzelreste, des sogenannten Knollenkuchens und der eingetrockneten Stengel fällt die anhaftende Erde von selber ab. Beim Putzen bemerkt man am Grunde vieler Mutterknollen eine Anzahl kleiner Brutknöllchen. Sie werden abgetrennt und zusammen mit den ausgewachsenen Knollen überwintert. Die Brut wird im Frühjahr auf gesonderte Anzuchtbeete ausgelegt. Im Herbst kommen sie wieder zurück in einen frostfreien Raum. Nach zwei bis drei Jahren bringen sie neben ihren großen Schwestern einwandfreie Blüten zur Entfaltung.
Am sichersten überwintern wir die Gladiolenknollen in einem trocknen, kühlen und luftigen Obst- oder Kartoffelkeller bei etwa 10 °C. Wenn kein geeigneter Überwinterungsraum zur Verfügung steht, schützt man die Knollen durch Einbetten in Torfmull, Sand oder Hobelspäne vor einem allzustarken Austrocknen.
In nassen Sommern kann es an den Gladiolenknollen zu großen Schädigungen kommen. Eine Bakterienkrankheit und nicht weniger als vier pilzliche Erreger befallen die Pflanzen vom Boden her und entwickeln sich auf den eingelagerten Knollen weiter. Zum Leidwesen der Gladiolenliebhaber bringen befallene Pflanzen nur unvollkommene Blüten, und die Blätter sind mit mehr oder weniger großen Flecken übersät. Ja, sie versagen sich völlig unseren Gartenkünsten. Schon beim Einlagern der Gladiolen ist auf kranke Knollen zu achten. Die Lagerräume müssen an warmen Tagen gelüftet und gelegentlich nach kranken Knollen durchgesehen werden. Niemals sollte man faule oder fleckige Gladiolenknollen auslegen. Lieber kaufen wir uns gesunde Ware und verbrennen die alten Knollen. Gegen diese Bakterien-

Oben: Bunte Staudenmargerite, Chrysanthemum coccineum 'Eileen May Robinson'.
Unten: Mignon-Dahlie 'Philine'.

und Pilzkrankheiten gibt es einen vorbeugenden Schutz. Vor dem Auslegen können wir die Knollen in der organischen Quecksilberverbindung AAbulba baden und anschließend mit Pomarsol forte einpudern. Wenn sich auf den Blättern trotzdem noch Flecken zeigen, spritzen wir während der Vegetationszeit wiederholt mit einer 0,25 %igen (25 g auf 10 l Wasser) Orthocid-50-Lösung. Wo kranke Pflanzen standen, sollte man mindestens fünf Jahre keine Gladiolen auslegen. Wer nicht auf Gladiolen verzichten will, sollte es auf den verseuchten Beeten mit 50–75 g Brassicol je Quadratmeter versuchen. Vielleicht hilft es?
In warmen Sommern wird das Auftreten des 1 mm langen Gladiolenblasenfußes begünstigt. Als Folge seiner Saugtätigkeit treten auf den Laub- und Blütenblättern silbern schimmernde Saugstellen auf. Zerknitterte Blütenblätter sind ein weiteres Zeichen für den Befall durch den Gladiolenblasenfuß. Damit sich dieser tierische Schädling nicht auf den Pflanzen ausbreiten kann, bedarf die Gladiole unserer Hilfe. Leider erweisen sich die bisher empfohlenen insektentötenden Mittel als unwirksam. Sobald das Auftreten des Schädlings zu beobachten ist, spritzen wir in Abständen von zehn bis vierzehn Tagen mit 0,035 %igem (3,5 cm^3/10 l Wasser) E 605 forte. Besser gesagt, wir werden unserem Vorsatz untreu, nur bienen- und menschenungefährliche Pflanzenschutzmittel zu verwenden. Unterläßt man eine intensive Bekämpfung, dann wandern die Schädlinge in den Boden und entwickeln unter den Hüllblättern der Knollen eine rege Lebenstätigkeit. Es bleibt uns dann die Entscheidung nicht erspart, die befallenen Gladiolen zu vernichten oder nach dem Putzen die Knollen mit E-605-Staub einzupudern.

Sonnenbraut *Helenium-Hybriden*

Die farbenfrohen »Blütenaugen« der *Helenium*-Hybriden bringen ein warmes Rot, Braun und Gelb in den Staudengarten. Alle 40 *Helenium*-Vertreter sind Nordamerikaner. Von dem deutschen Forschungsreisenden Carl Anton Purpus wurde in Kalifornien *Helenium bigelovii* gesammelt und 1896 von Georg Arends in Wuppertal-Ronsdorf in Kultur genommen. Bereits um 1729 kam die Herbst-Sonnenbraut (*H. autumnale*) aus Kanada und den östlichen Gebieten der USA nach Europa.
Von Juli bis Anfang Oktober können wir mit einem ständigen *Helenium*-Flor rechnen. Ein Talent zum vorzeitigen Blühen hat im Juni/Juli die goldgelbe *H. bigelovii* 'Superbum' und von Juli bis Mitte August die samtig-kupferrote 'Moerheim Beauty' und die goldbraune 'Waltraut'. Mit der Flut des Hochsommerflors setzt um Mitte August die rotbraune 'Rotkäppchen', die kupferrote 'Karneol' und die sehr großblumige 'Zimbelstern' (altgold mit brauner Mitte) ein. Auf alle Nachzüg-

ler sollten wir besonders achten. Von Ende August bis Anfang Oktober empfehlen sich die rote 'Baudirektor Linne' und die goldgelbe 'Goldrausch'.
Die *Helenium*-Hybriden sind respektable Erscheinungen, die zwischen 100 und 160 cm Höhe erreichen können. Nur die ganz frühen Sorten bleiben um einiges niedriger. Wenn die *Helenium* noch größer werden, hängt es mit dem Platzmangel oder einem überreichen Stickstoffangebot zusammen. Auf der Sonnenrabatte gehört die Sonnenbraut zu unseren dankbarsten Gartenstauden. Als Nachbarn bietet sich ein ganzes Dutzend von Frühblühern, Hochsommerblühern und Spätblühern an. Alles was zu diesem großen Blütenreigen zählt, einschließlich der weißen und roten Polyanthahybridrosen, muß in gebührendem Abstand gesetzt werden. Der Ausdehnungsdrang der *Helenium*-Hybriden ist so groß, daß man sie gern und gut 50–80 cm vom Nachbarn halten muß.
Wenn wir *Helenium* in halberblühtem Zustand schneiden, ist die Haltbarkeit gut, besonders bei den Sorten *H. bigelovii* 'Superbum' und 'Zimbelstern'.
In einem guten Gartenboden haben sie bescheidene Ansprüche. Natürlich fördern auch bei *Helenium* Volldüngergaben die Knospenentwicklung. Wenn wir jeder Sonnenbraut im Frühjahr eine geschlossene Handvoll Blaudünger geben, werden wir nach wenigen Wochen staunen, wie überraschend frisch und wüchsig sie aussehen. Sollten große Horste entgegen dieses Düngerezeptes die doppelte Menge bekommen, dann sind ihre Blüten kaum noch zu zählen. Mit einer Düngekur allein ist es nicht getan. In trocken-heißen Sommern sollten wir den Gartenschlauch immer in Reichweite der *Helenium* halten.
Im sechsten Gartenjahr kann man erleben, daß die *Helenium* trotz guter Düngergaben statt der 500 Blüten vom vergangenen Jahr ein gutes Hundert weniger entwickeln. Es gibt dann kein Zögern mehr. Die ganze Pflanze muß im Herbst oder Frühjahr mit einem kräftigen Gärtnerspaten hochgehoben und in faustgroße Stücke zerteilt werden. Bei einer anschließenden Pflanzung ist nur darauf zu achten, daß sie nicht zu tief in die Erde kommen. Schon im nächsten Sommer stehen sie wieder im Flor. Einige geizen noch mit ihren Blüten, andere holen im zweiten und dritten Jahr nach, was sie durch das Teilen versäumt haben.
Kalendarisch sind ihre Blüten keiner Zeit verpflichtet. Wer die mannshohen *Helenium*-Horste nicht liebt, schneidet im Juni die späten Sorten auf die halbe Höhe zurück. Dadurch wird zwar ihr Blütenfahrplan durcheinandergebracht. Dafür kann man aber die Schnurhalter sparen.
An dem jungen Laub der Sonnenbraut haben die Schnecken ihr Vergnügen. Diesen Spaß können wir ihnen durch ein ganzes Arsenal von Schneckenkörnern verleiden. Um diese Zeit des Blattwachstums sollten wir auch auf den mehligweißen Pilzbelag des Echten Mehltaus achten. Bei der Auswahl der Präparate halten wir uns bei der

Bienenfutterpflanze *Helenium* an bienenungefährliche Spritzmittel, wie Du Pont Benomyl, BASF-Mehltaumittel oder eine Reihe von Netzschwefel-Präparaten.

Staudensonnenblume *Helianthus decapetalus*

Ein *Helianthus,* der Jahr für Jahr blüht, ist genau gesagt ein ausdauernder Verwandter unserer einjährigen Sonnenblumen.

Als eine empfehlenswerte Gartenstaude aus der Sonnenblumenverwandtschaft darf *Helianthus decapetalus* angesprochen werden. Seine zitronengelben, tellergroßen Blüten stellen sich von August bis Oktober ein. Zur direkten Nachkommenschaft dieser in den mittleren USA und in Kanada beheimateten Staudensonnenblume gehört die einfachblühende 'Capenoch Star', die halbgefüllte 'Meteor' und die gefüllte 'Soleil d'Or'. Daß sich diese Sorten zu Staudenungetümen entwikkeln könnten, ist nicht zu befürchten. Ein *Helianthus,* der auf sich hält, hat mit dem Wuchern aufgehört. Er greift mit seinen Rhizomen also nicht nach allen Seiten aus und bedrängt friedliche Nachbarn. Nachdem ihm abgewöhnt wurde, mit langen Kriechtrieben nach unverbrauchtem Boden Ausschau zu halten, müssen wir ständig für die Zufuhr von Komposterde oder spurenelementhaltigen Blaudüngern sorgen. Die Sorten von *H. decapetalus* leiden sonst unter Bodenmüdigkeit. Dieser Gefahr kann auch durch ein häufiges Umpflanzen begegnet werden.

Überlegungen über die standortgerechte Verwendung dieser 110–150 cm hohen »Giganten« gehören ebenso hierher wie die Pflegehinweise. Angesichts ihres langsamen, aber steten Breitenwachstums wird man sie kaum auf eine schmale Vorgartenrabatte pflanzen. Dagegen ist ein idealer Gartenstandort am Zaun, um den Kompostplatz, am Haus und auf großen Rabatten. Wenn sie mit Stauden zusammenstehen, wählen wir als Nachbarn späte *Helenium*-Sorten, Rauh- und Glattblattastern, den Sommerphlox und Rudbeckien, den Türkischen Mohn und die *Salvia nemorosa*-Sorten 'Mainacht' und 'Ostfriesland'.

Für bunte Sommerblumensträuße liefern die Staudensonnenblumen wundervolle Schnittblumen. Man darf sie nur nicht zu früh schneiden. Wenn man sie tief ins Wasser stellt und die Stengel täglich nachschneidet, sind sie durchaus haltbar.

Allzu behaglich scheinen sich die *H. decapetalus*-Sorten nach einer Herbstpflanzung nicht zu fühlen. Am sichersten ist es doch, sie im Frühjahr zu setzen. Mit zunehmender Sommerwärme wird einmal die Woche gegossen. Im Juni erhält jede

Rittersporn, Delphinium-Hybride 'Finsteraarhorn'.

Staudensonnenblume, Helianthus decapetalus 'Meteor'.

Mädchenauge, Coreopsis grandiflora 'Badengold'.

Pflanze einen gehäuften Eßlöffel Blaudünger. Später kann im Frühjahr jeden Jahres gut und gern eine geschlossene Handvoll Blaudünger um eine Staudensonnenblume gestreut werden. Je sonniger und wärmer ein Sommer ist, desto mehr Nährstoffe kann sie verarbeiten. Den Gartenschlauch sollten wir in regenreichen Jahren in gebührendem Abstand halten. In feuchten Lagen und bei Staunässe beginnt die Staudensonnenblume zu faulen.
Die fleischig verdickten Wurzeln liegen flach unter der Erdoberfläche. Damit sie in schneelosen Wintern nicht unter Barfrösten leiden, erhalten sie im Spätherbst eine leichte Laub-, Torfmull- oder Stalldungdecke.
Sollten sie eines Tages zu groß werden oder durch Wachstumsdepressionen Bodenmüdigkeit anzeigen, dann nehmen wir sie im Frühjahr mit dem Spaten hoch, teilen die Wurzelstöcke und pflanzen sie nach einer guten Bodenvorbreitung wieder in den Garten.
Der gefürchteten Wurzel- und Stengelfäule beugen wir durch einen guten Wasserabzug vor. Wenn die Fäule einmal aufgetreten ist, hilft nur noch Du Pont Benomyl, das wir 0,1 %ig (10 g/10 l Wasser) gießen. Eine 10-Liter-Kanne reicht für drei Quadratmeter. Wir sollten auch Giftköder bereithalten, damit bei den Wühlmäusen kein Appetit an den fleischigen *Helianthus*-Rhizomen aufkommt. Gegen Ende des Winters, wenn die Wühlmäuse nur noch wenige frische Pflanzenkost vorfinden, wird es gefährlich. Dann verspricht das Ausbringen von sogenannten Giftbrocken, die als Wühlmaustod, Wühlmausköder, Wühlmauspräparat oder Wühlmausbrocken im einschlägigen Fachhandel erhältlich sind, Aussicht auf Erfolg. Echte Mehltaupilze und Wanzen sind weitere Feinde, die man zum einen mit Benomyl und zum anderen mit blitol-Insektenfrei bekämpfen kann.

Sonnenauge *Heliopsis helianthoides var. scabra*

Unsere Freude an den *Heliopsis* verdanken wir zwei begnadeten Staudenzüchtern. Frankreichs bedeutender Gärtner Pierre Louis Victor Lemoine aus Nancy hat sich mit *Heliopsis* versucht, die um 1819 aus Nordamerika gebracht wurden. In Mode kamen die Sonnenaugen erst durch Karl Foerster aus Bornim bei Potsdam. Er verstand es, Dauerblüher von edler Erscheinung zu züchten.
Von den *Heliopsis* gibt es nur wenige Sorten. Sie lassen sich gut an ihren einfachen, halbgefüllten und gefüllten Blüten unterscheiden. Goldgelb ist die dominierende Farbe. Wer eine Vorliebe für einfache Blüten hat, findet in der Sorte 'Karat' einen Anklang an die Urform. Ihr zur Seite steht die halbgefüllte 'Spitzentänzerin', die mit ihren feinstrahligen Blüten noch sehr zierlich wirkt. Auch ihre Nachbarn, die gefüllten 'Sonnenschild', 'Goldgefieder' und 'Hohlspiegel' verdienen einen Platz.

Sonnenauge, Heliopsis helianthoides var. scabra 'Spitzentänzerin'.

Damit ihr Goldgelb die Staudenrabatte von Juli bis September bereichert, verordnen Sie diesen Sonnenanbetern einen Platz mit sommerlicher Wärme. Zusammen mit bunten Blütennachbarn läßt sich *Heliopsis* vielseitig verwenden. Man kann sie zwischen die roten Monarden und den blauen Rittersporn pflanzen; sie kann neben Sommerphlox, hoher *Veronica longifolia* und niederem *Erigeron* stehen. Das Herausschneiden von Stielen ist eine lohnende Sache. Einmal, weil sie voll erblüht geschnitten, sehr lange in der Vase halten, zum andern erreichen wir durch ein Entfernen der verwelkten Blumen ein anhaltendes Blühen bis zum Herbst. Wer bei der Sortenauswahl großen Wert auf vorzügliche Schnittstauden legt, sollte sich 'Goldgefieder' und 'Karat' zulegen.

Ein guter Gartenboden ist das halbe Leben für *Heliopsis*. Nach einer Herbst- oder Frühjahrspflanzung entwickelt sie sich nach gründlicher Erdvorbereitung zu einer breitbuschigen Staude. Eine geschlossene Handvoll Blaudünger, im Frühjahr um eine *Heliopsis* ausgestreut, hat noch kein Sonnenauge übelgenommen. Wer etwa über die Blütenarmut seiner *Heliopsis* klagt, sollte mit zunehmender Größe den Staudenhorsten die doppelte Düngermenge geben. Weitere Pflegeansprüche stellt die *Heliopsis* nicht. Allerdings, an den Wurzeln möchte sie niemals trocken werden. In heißen Sommern wird bis zu zweimal in der Woche der Gartenschlauch in die *Heliopsis*-Horste gelegt und für eine Stunde leicht aufgedreht. Denn Wasser, viel Wasser muß in die Blätter transportiert werden, damit ein stabiles Stengelgerüst und viele Blütenknospen gebildet werden können. Im Spätherbst folgt dann der obligate Rückschnitt bis zum Erdboden.
Man benötigt für die *Heliopsis* viel Platz. Einmal, weil wir zu ihren Nachbarn eine Distanz von 70 cm halten müssen, zum andern, weil der Blüheifer erst nach vielen Jahren nachläßt. Durch laufende Kompost- oder Volldüngergaben können sie dann acht, neun oder gar zehn Jahre unverpflanzt im Garten stehen. Die *Heliopsis* benötigen eine lange Anlaufzeit. Sie blühen erst dann richtig, wenn sie sich nach zwei bis drei Jahren zu breitbuschigen Pflanzen entwickelt haben.
Von Krankheiten und Schädlingen werden diese stattlichen Sommerblüher höchst selten befallen. Nur die Schnecken sind immer dann zu finden, wenn die Stauden ihr frisches Grün ausbreiten. Wer also im Frühjahr nicht mit Schneckenkörnern auf der Hut ist, muß erleben, wie die ersten zarten Triebe von den Nacktschnecken verspeist werden.

Taglilie *Hemerocallis-Hybriden*

Wenn unsere Blicke über den Gartenzaun schweifen, sehen wir da und dort die kräftigen Horste der Gelben Taglilie *Hemerocallis lilio-asphodelus (H. flava)* und der Gelbroten Taglilie *H. fulva*. Wir wissen genau, daß es Gartenflüchtlinge von ostasiatischen *Hemerocallis* sind, die vor Jahrzehnten in unsere Gärten gepflanzt wurden. Nicht durch Samen, sondern als Teilstücke von stark wuchernden Horsten sind sie auf die Schutthalden gewandert. Nun blühen sie in aufgelassenen Abfallgruben, längs der Straße und in feuchten Wiesen und Wäldern. Angesichts der hervorragenden Neuzüchtungen dürfte es nicht schwer fallen, die Sperre zu

Stockmalve, Alcea (Althaea) rosea.

Taglilie, Hemerocallis-Hybride 'Friar Tuck'.

überwinden und von dem Vorurteil der wuchernden *Hemerocallis* Abschied zu nehmen.

Die gelben und gelbroten Taglilienveteranen lassen sich in den europäischen Gärten bis 1570 zurückverfolgen. In vielen Ländern der Welt hat man sich um die Jahrhundertwende der *Hemerocallis*-Züchtung angenommen. Nachdem die Entwicklung in Europa zum Stillstand kam, wurden die Taglilien in den Zwanzigerjahren von amerikanischen Züchtern aus ihrem Dornröschenschlaf erweckt. Die neuen Sorten überraschen durch ein wundervolles Kolorit. Wie kostbarer Seidensamt erscheinen viele Schattierungen in Rot. Matte und stumpfe Farben beanspruchen ebenso das Interesse wie ein leuchtendes Gelb, Orange oder Rosa. Nicht zu übertreffen sind die zweifarbigen Sorten, deren Zeichnungen bis tief in den Schlund reichen. Wenn sich Orange mit Aprikosenfarben, Gelb mit Rosa, Lachs mit Rot, Zitronengelb mit Grün und andere Farben mischen, entstehen bunte »Meisterwerke«. Sollten wir auch noch die gewellten und gekräuselten, schalen-, trichter- und sternförmigen Blütenformen aufzählen? Angesichts der ungeheuren Fülle ist es unmöglich, eine Wertskala der besten Sorten aufzustellen. Die Amerikanische Hemerocallis-Gesellschaft veröffentlicht zwar jährlich eine Liste mit den schönsten und besten Züchtungen. Es wäre jedoch verfehlt, sich an diese Namen zu halten. Zum Glück werden von deutschen *Hemerocallis*-Freunden in den »Mitteilungen der Staudenfreunde« die besten Sorten veröffentlicht, die in unseren Gärten gedeihen. Wer also nach dieser Liste seine Taglilien bestellt, wird keine Enttäuschung erleben. In einem großen Garten läßt sich ein ganzes Sortiment unterbringen. Man wird dann einen langen Sommer seine Freude haben. Die ganz frühen beginnen bereits im Mai; die Hauptblüte liegt wohl im Juli/August, und die Spätsorten enden im Oktober.

Ihren schönsten Platz finden die Taglilien in der Nachbarschaft von Funkien, Rittersporn und hohen Staudengräsern, auf Rabatten und in Verbindung mit Ziergehölzen. Sie gedeihen an Gartenteichen und feuchten Uferpartien. Die *Hemerocallis* sind immer gerne in der Nähe von Wasser, wenngleich sie auch die Trockenheit vertragen. Bei absoluter Wärme, brütender Sommerhitze und einem ständig feuchten Boden erreichen sie ihre volle Wuchs- und Blühleistung. Selbst im Schatten werden sie jedes Jahr blühen, doch erscheinen die Knospen so spärlich, daß sie sich rettungslos zwischen den Blättern verlieren. In den ersten Jahren verraten die grasartigen Blattschöpfe noch nichts von der Pracht der trichterförmigen Blüten. Es ist nicht gut, die Taglilien so nebenbei zu pflanzen und sich selbst zu überlassen.

Mit dem Namen Taglilie wird nur die Kurzlebigkeit der Einzelblüten angesprochen. Wenn sie in der Regel auch nur einen Tag halten – die *Hemerocallis* bilden so viele Knospen, daß kein Tag ohne Blühen vergeht. Als Schnittblumen lassen sich nur Stiele mit großen Knospen verwenden. Wenn man einen ganzen Strauß in die Vase stellt, wird jeder Blütenstiel im Wechsel von zwei Tagen eine Knospe öffnen.

Mit zunehmender Frühlingswärme bekommen die Taglilien häufiger Wasser und so viel Dünger, daß sie niemals das Blühen vergessen. Der große Hunger tritt erst nach drei Jahren auf. Am Anfang reicht noch jeder Pflanze ein gestrichener Eßlöffel Blaudünger, während die erwachsenen *Hemerocallis*-Horste bereits die dreifache Menge vertragen.

Wer die Schönheit des Alters nicht stören will, sollte seinen Spaten einschließen. An ein Teilen kann nur gedacht werden, wenn die Taglilien ihre Nachbarn bedrängen. Man zerlegt sie dann am besten vor oder nach der Blüte und pflanzt die Teilstücke wieder in einen nährstoffreichen Boden.

Die Schönheit der Taglilien hält so lange, bis sich die bösen Krankheiten und Schädlinge einstellen. Mit der Blattdürre, die so verheerend wie bei den *Iris* auftreten kann, läßt sich nicht spaßen. Wer mit dieser Blattfleckenkrankheit seinen Ärger hat, findet bei den Schwertlilien auf Seite 92 ausführliche Hinweise über deren Bekämpfung. Auch der Tagliliengallmücke sollten wir im Mai und Juni nicht gestatten, ihre Eier an den entwickelten Blütenknospen abzulegen. Die vergallten Knospen öffnen sich nicht und sterben ab. Zur Zeit der Knospenentwicklung helfen nur Spritzungen mit blitol-Insektenfrei. In der Regel werden wir erst auf den Schädling aufmerksam, wenn es zu spät ist. Die befallenen Knospen sollten wir in jedem Fall abpflücken und verbrennen.

Schwertlilie *Iris germanica u. a.*

Die modernen *Iris*-Sorten sind von einer bewundernswerten Schönheit. Jedes Jahr präsentieren uns die Züchter neue Formen mit einem Farbenspiel, das sich mit jeder kostbaren Orchideenkollektion messen kann.
Die Herkunft unserer hohen Bartiris (*Iris germanica*) liegt im Dunkeln. Vermutlich stammt sie von *I. pallida* und *I. variegata* ab. Südlich der Alpen werden aus dem stark nach Veilchen duftenden Wurzelstock von *I. pallida* noch heute »Veilchenwurzeln« gewonnen. Nach dem Waschen, Schälen und Drechseln sollen sie als Beißwurzeln kleinen Kindern das Zahnen erleichtern. Dank ihrer ätherischen Öle werden sie auch zur Herstellung von Räucherpulver, Geschmackskorrigens und Riechstoffen verwendet, ja sogar als Beimischung in Brust- und Hustentees. Die Heimat von *I. variegata* ist im südöstlichen Mitteleuropa zu suchen. Durch weitere Kreuzungen, vermutlich mit *I. aphylla,* sind viele Bartirisformen hervorgegangen. Die Bastardnatur wird in einer kaum überschaubaren Sortenvielfalt sichtbar. Was Wunder, wenn in den USA, in Mittel- und Osteuropa durch die differenzierte Schönheit neuer Züchtungen Zehntausende vom Sammeleifer gepackt werden! Billig sind die supermodernen Sorten nirgends, denn das Züchterrisiko und die Nachfrage nach den Spitzenstars ist ziemlich groß. Wohlfeiler sind alle Sorten, die in der Gunst einer gestrengen Jury nicht so gut weggekommen sind – was letztlich ihrer Gartenqualität keinen Abbruch tut. Natürlich wird man nicht die alten *Iris*-Sorten weiterziehen, die ohnehin jeder Nachbar in seinem Garten stehen hat. Unter den neuen Züchtungen gibt es so viele Schönheiten, denen trotz ihrer zerbrechli-

Oben: Schwertlilien, Iris germanica, großflächig an einen Hang gepflanzt.
Unten: Tränendes Herz, Dicentra spectabilis.

chen Blüten Regen und Sturm wenig anhaben. Angesichts der ungeheuren Sortenfülle wäre es vermessen, eine Wertskala aufzustellen, die im nächsten Jahr schon wieder überholt ist. In den »Mitteilungen der Staudenfreunde«, früher Organ der Deutschen Iris- und Liliengesellschaft, wird über die laufenden Irisbewertungen berichtet. Außerdem findet man in den Katalogen unserer Staudengärtnereien widerstandsfähige *Iris* mit kräftigem Wuchs und sicherer Blüte angeboten. Gute Sorten zeigen auch nach lang anhaltenden Niederschlägen ihre makellose Blütenschönheit, Resistenz gegen Krankheiten, Standfestigkeit der Stiele und eine lange Blütezeit. Viele Schwertlilien lassen ihre Blüten wie zerbrechliche Schmetterlinge aufsitzen. Ihre Farbe zu bestimmen, ist häufig so schwer wie ihre Ahnenforschung zu betreiben. Bis auf ein leuchtendes Rot sind alle Farben und Tönungen vertreten. Die Gruppe der Bartiris kann man bei geschickter Sortenwahl von Anfang Mai bis Anfang Juni in Blüte sehen. Die zweite Junihälfte läßt sich auf der Staudenrabatte mit den *Iris sibirica*-Sorten 'Bleu Céleste' (hellblau), 'Caesar' (violettpurpur), 'Caesar's Brother' (tiefblau), 'Emperor' (indigoblau) und 'Perry's Blue' (hellblau) ausfüllen. Durch die Einbeziehung der niederen Bartiris wird die Blütezeit in den April vorverlegt. Schon zur Tulpenzeit erscheinen in den Steingärten und auf schmalen Einfassungsstreifen die ganz niederen Zwergiris. Die etwas höheren Kleiniris erreichen den Blühbeginn der hohen Bartiris. Wie die Iriszwerge für Vorpflanzungen, so sind die Irisriesen auf Staudenrabatten in der Nähe von Wasserflächen zu verwenden. Die Einzelblüte hält nicht sehr viel von einem langen Leben. Großflächig an Abhänge, Böschungen und auf Sortimentsbeete gepflanzt, lassen sich unerhörte Farbwirkungen erzielen. Nach dem Abwelken bricht man die mumienhaft zusammengeschrumpften Blüten aus. Wenn der Irisflor vorüber ist, kann durch Gladiolen und hohe Sommerblumen Farbe in das Grün gebracht werden.

Wer den herrlichen Farbenreichtum der *Iris* nicht nur im Garten genießen will, sollte sie bei beginnender Blüte schneiden. Ihre Stiele enthalten so viele Reservestoffe, daß sich bei wiederholtem Wasserwechsel sämtliche Knospen öffnen. Zum Schrecken der Hausfrauen tropfen viele ältere Sorten und hinterlassen auf Möbeln und Tischdecken häßliche Flecken. *Iris* werden gelegentlich auch mit der Nase auf ihre Schnittblumenqualität geprüft. Es gibt eine ganze Reihe schöner Sorten mit unangenehmem Duft. Andere kann man ob ihrer herrlichen Wohlgerüche für den Vasenschnitt empfehlen.

Alles was *Iris* heißt, darf man nicht zu tief setzen. Der beste Zeitpunkt, eine Schwertlilie auszugraben, ist im April und kurz nach ihrem Abblühen im Juli/August. Die Wurzelrhizome müssen waagrecht gelegt und hauchdünn mit Erde bedeckt werden. Wenn sie zu tief liegen, blühen sie nicht. Die kleinen Wurzelrhizome sollen ja bis zum nächsten Frühjahr im blühfähigen Alter sein. Ein Nachteil ist es

Iris sibirica 'Caesar's Brother'.

Königslilie, Lilium regale.

nur, wenn sie ihren Ausdehnungsdrang nicht zähmen. Für große Pflanzen steht in einem Hausgarten selten genügend Platz zur Verfügung. Später, wenn die Horste zu dicht werden, stellen sich Schwierigkeiten ein. Die *Iris* blühen zwar Frühjahr für Frühjahr, doch es wird immer spärlicher. Es gehört schon etwas Übung dazu, überalterte Irishorste mit dem Spaten herauszustechen und die Wurzelknollen mit Hilfe eines scharfen Messers ohne große Verletzungen zu teilen. Aus einem großen Horst läßt sich ein gutes Dutzend neuer Pflanzen heranziehen. Sie beanspruchen keine aufwendigen Erdvorbereitungen. Wer mit Komposterde oder Torfmull nachhelfen kann und fünf gehäufte Eßlöffel (= 150 g) Manna oder Oskorna auf einen Quadratmeter streut, schafft gute Startbedingungen.
Nur wenn die Erde ausgetrocknet ist, darf man die jungen Schwertlilien gießen.

Bis zum Beginn der Blüte muß reichlich gewässert werden. In trockenen Sommern reifen die Rhizome gut aus. Ihre »Eisernen Rationen« in den Wurzeln läßt sie gut über längere Durststrecken kommen.
Ob sie jährlich Knospen bilden, ist nicht nur eine Frage der Pflanztiefe, sondern auch der Ernährung. Wer mit der Blühfreudigkeit seiner *Iris* Schwierigkeiten hat, dem sei das Rezept verraten, mit dem Düngen nicht zu sparen. Mit dem Austrieb der Blätter werden zwei gehäufte Eßlöffel eines stickstoffreichen Volldüngemittels (Poly-Crescal, Alkrisal, Hakaphos grün) auf fünf Pflanzen verteilt. Zwei Wochen später folgen zwei gehäufte Eßlöffel eines phosphor- und kalibetonten Volldüngers (Poly-Fertisal, Hortal, Hakaphos rot). Nach der Blüte wird nochmals in gleicher Höhe und mit dem gleichen stickstoffarmen Nährsalz gedüngt. Diese phosphor- und kalibetonten Düngergaben wirken sich sehr günstig auf die Blühfreudigkeit und Resistenz gegen Schädlinge aus.
Auf die zwei wichtigsten Iriskrankheiten, die Rhizomfäule und den Blattbrand, ist zu achten. Durch Verletzungen, Nässe und Stickstoffüberdüngung können die Rhizome faulen. Hier hilft nur noch ein Ausgraben, Ausschneiden der kranken Teile und Eintauchen der Rhizome für zwei Stunden in die organische Quecksilberverbindung AAbulba. Eine weitverbreitete Pilzkrankheit ist der Blattbrand, den wir gelegentlich auch an den *Hemerocallis* beobachten. Schon im Frühjahr erkennen wir die gelblich durchscheinenden Blattflecken, die sich nach der Irisblüte vergrößern. Die Flecken fließen dann zu großen Schadstellen zusammen, was ein frühzeitiges Abdürren der Blattspitzen zur Folge hat. Um jeder Pilzinfektion zu begegnen, müssen im Herbst, spätestens jedoch im zeitigen Frühjahr, die alten Blattreste entfernt und verbrannt werden. Es besteht sonst die große Gefahr, daß beim Austrieb die jungen Blätter von den Sporen angesteckt werden. Eine Neuinfektion kann schon im Mai durch frühzeitiges Spritzen verhindert werden. Vor und nach der Blüte werden 30 g Dithane in 10 l Wasser aufgelöst und gespritzt. Bei der stark wasserabstoßenden Oberfläche ist es empfehlenswert, die Benetzungsfähigkeit der Blätter zu erhöhen. Nach dem Füllen des Spritzgerätes werden auf 10 l Spritzflüssigkeit 3–5 cm^3 Pril (etwa ein Fingerhut voll) gegeben. Durch die fettlösenden Eigenschaften des Prils kann es zwar passieren, daß die Irisblätter ihren Blauschimmer verlieren. Dafür fließt die Spritzflüssigkeit nicht mehr in sichtbaren Tröpfchen ab, sondern breitet sich gleichmäßig über die Oberfläche der Irisblätter aus und verhindert einen erneuten Pilzbefall.

Lupinen, Lupinus-Polyphyllus-Hybriden.

Lilie *Lilium auratum, L. bulbiferum, L. candidum u. a.*

Über die Lilien wurden schon ganze Bücher geschrieben. Nicht nur unser Garten, auch die Poesie, die Bildende Kunst, das Märchen und die Legende kommen ohne die Lilien nicht aus. Um alle diese Herrlichkeiten zu beschreiben, müßte die Steigerung schön, schöner, am schönsten fast noch um einen Grad erweitert werden. »Abenteuerlich« ist ein treffendes Wort für die Art und Weise, wie viele Lilien zu uns gekommen sind.

An erster Stelle ist die Entdeckung der Königslilie (*Lilium regale*) zu nennen. Im Jahre 1903 fand der nordamerikanische Botaniker Ernest Henry Wilson (1876–1930) im tief eingeschnittenen Tal des Min in Szetschuan (China) eine weiße Trompetenlilie. Im August 1910 kam Wilson mit 50 Maultieren und ihren Treibern zurück ins Mintal und sammelte 7000 Lilienzwiebeln. Das Unglück wollte es, daß ihm auf dem Heimweg durch einen Felsbrocken ein Bein zweimal gebrochen wurde. Hilflos lag er quer über einem schmalen, vom Steinschlag bedrohten Karawanenweg, der sich über den Fluß Tung dahinzieht. Trotz des zerschmetterten Beines ließ er die 50 Maultiere mit ihren Treibern über sich hinwegsteigen. Auf das letzte Saumtier geschnallt, erreichte er nach drei Tagen ärztliche Hilfe. Nach den Aufzeichnungen anderer Autoren begegneten dem schwer verletzten Wilson ein Maultierzug. Die Tiere konnten auf dem schmalen Pfad nicht wenden. Wilson ließ sich quer über den Pfad legen, und ein Maultier nach dem anderen stieg über ihn hinweg. Seine Kulis trugen ihn zur nächsten Missionsstation, wo ihm ärztliche Hilfe zuteil wurde.

Anders war es bei der Einführung der Madonnenlilie (*L. candidum*). Sie hat eine lange Geschichte und eine glanzvolle Vergangenheit. Wahrscheinlich haben die Kreuzfahrer diese Lilienart aus der Türkei, aus Syrien und dem Heiligen Land nach Mitteleuropa gebracht. Als Symbol für Reinheit und Unschuld wurde sie unter dem Einfluß der abendländischen Kultur ein Attribut vieler Heiliger. Was Wunder, daß kein Kloster- und Bauerngarten ohne Madonnenlilien auskam! Sie erinnern noch heute an die »gute alte Zeit«.

Aus dem Anbau der Tigerlilie (*L. lancifolium, syn. L. tigrinum*) zogen die Japaner schon zu Zeiten des deutschen Arztes und Forschungsreisenden Engelbert Kämpfer (1651–1716) Nutzen. Damals wie heute werden ihre Zwiebeln in China und Japan gekocht und gegessen. Der erste Tigerlilienimport hat im Jahre 1804 zu dem berühmten Botanischen Garten Kew bei London stattgefunden.

Wer wollte heute das Heer von Lilien aus Ostasien und den USA registrieren, das zu Hunderttausenden unseren Kontinent überschwemmt! Wie gekommen, so zerronnen. Unser trockenes Klima und die Krankheiten und Schädlinge haben dafür

Dolden-Feuerlilie, Lilium hollandicum 'Orange Triumph'.

gesorgt, daß die Gärten nicht von Lilien überquellen. Das soll dank der vielen Liliensorten anders werden. Der amerikanische Lilienkönig Jan de Graaff und seine Züchterkollegen haben dafür gesorgt, daß die neuen Hybridlilien in unserem mitteleuropäischen Klima und in jedem guten Gartenboden gedeihen und daß sie weitgehend resistent gegen die Lilienkrankheiten sind. Schon der Versuch, aus dem Sortiment der 2000 Hybriden die besten und schönsten Sorten aufzuführen, müßte scheitern. Der Samenhandel und die Spezialkataloge bieten ohnehin nur die zuverlässigsten an. Die Sorten 'Enchantement' (orangerot), 'Tabasco' (kastanienrot mit dunklen Punkten), 'Harmony' (orangerot), 'Croesus' (goldgelb), 'Prosperity' (zitronengelb) und 'Hallmark Strain' (weiß mit fast schwarzen Punkten) sind nur einige von den vielen. Eine große Palette von Elfenbein über Zartlilia bis zu Violett bieten die Harlekin-Hybriden; die orangefarbene 'Shuksan' ist aus den Bellingham-Hybriden hervorgegangen. Von unserer alten Dolden-Feuerlilie (*L. hollandicum*), die im Juni/Juli in vielen Gärten blüht, gehört die orangerote 'Erectum' zu den bekanntesten Sorten.

Ehe die Lilienzüchtungen in unseren Blickpunkt gerückt sind, hat man sich Jahrzehnte mit den sogenannten Wildformen abgemüht.

Die schönste aller Lilien, die Goldbandlilie (*L. auratum*), benimmt sich unter ihresgleichen wie eine Primaballerina. Sie ist so empfindlich, daß sie es selten länger als drei Jahre in unseren Gärten aushält. Nur in den luftfeuchten Küstengebieten dürfte die Goldbandlilie auf die Dauer zum Blühen kommen. Die Schönheit ihrer weißen Blüten, die Farbigkeit der gelbgestreiften und dunkel punktierten Blütenschalen ist bei dieser »Japanerin« in der Zeit von Juni bis August nicht zu übersehen. In der Kultur entstanden die großblütige Form 'Platyphyllum', die reinweiße 'Album' und die rote 'Rubrum'.

Die heimische Feuerlilie (*L. bulbiferum*) hat Dauergastrecht in unseren Gärten. Diese anspruchslose Lilie bringt im Mai/Juni auf straffen Stengeln leuchtend rote, schwarz punktierte Blüten zur Entfaltung.

Die Madonnenlilie (*L. candidum*) erscheint im Juni/Juli mit stark duftenden, blendend weißen Trichterblüten.

Die Davidslilie (*L. davidii* var. *willmottiae*) hat sich in ihrer robusten Art als dankbare Gartenpflanze erwiesen. Im Juli/August bringt diese »Chinesin« orangerote Blüten mit feinen Sprenkeln an elegant abwärts gebogenen Stielen zur Entfaltung.

Der aus Japan stammende Goldtürkenbund (*L. hansonii*) gehört mit zu den dauerhaftesten Lilien. Im Juni tragen seine Stengel safrangelbe Blüten mit braunen Tupfen. Sehr hart und unverwüstlich ist auch die in Zentralchina heimische Mandarinenlilie (*L. henryi*). Im August/September trägt sie in Türkenbundform orangefarbene Blüten mit vielen fleischigen Warzen.

Im August, Anfang September entfaltet die Tigerlilie (*L. lancifolium*, syn. *L. tigrinum*) ihre leuchtend orangeroten, mit schokoladebrauner Sprenkelung versehenen Blüten. Die Blütenblätter dieser ursprünglich japanischen Lilie sind wie bei unserem einheimischen Türkenbund zurückgeschlagen.

Die einheimische Türkenbundlilie *(L. martagon)*, die ihren Namen den turbanähnlichen Blüten verdankt, blüht schon gegen Ende Mai. Von dieser weinpurpurroten Lilie gibt es die Sorten 'Albiflora' (weiß) und 'Purpureum' (dunkelviolett). Wenn in der Nähe von Lilienpflanzungen die Luft von einem starken Duft erfüllt ist, kann es sich nur um die Königslilie (*L. regale*) aus China handeln. Die trichterförmigen Blüten öffnen sich im Juli. Ihr glänzendes Weiß ist außen rosa angelaufen und im Schlund kanariengelb. Wundervoll goldgelb ist 'Royal Gold'.

Die Prachtlilie (*L. speciosum*) zeichnet sich durch die rote Punktierung ihrer weißen Blüten aus, die stellenweise rosa überlaufen sind. Leider ist der Blütezeitpunkt im August/September so spät, daß sie unter dem Regen und Herbstnebel sehr stark leiden. Diese japanische Prachtlilie hat viele Gartenformen, wie 'Rubrum' (karminfarben), 'Gloriosoides' (scharlachrot), 'Album' und 'Kraetzeri' (weiß).
Dem Charme dieser Lilien kann man sich kaum verschließen. Beim Einkauf sollten wir nicht immer nach den größten Zwiebeln greifen. Die mastigen Zwiebeln blühen vielfach nur zwei oder drei Jahre, dann ist es aus mit den Pflanzen. Wer also mit Lilien einen Dauererfolg im Garten haben will, kaufe die wesentlich härter und fester gebaute Mittelklasse. Vorzüglich gedeihen in unserem Klima Madonnenlilie (*L. candidum*), Königslilie (*L. regale*), Tigerlilie (*L. lancifolium*), Feuerlilie (*L. bulbiferum*) und Davidslilie (*L. davidii* var. *willmottiae*).
Für die Lilienzwiebeln ist nichts schädlicher als ein langes Herumliegen in der trokkenen Luft. Nach dem Einkauf müssen die Zwiebeln sofort in den Boden. Sofern noch keine Pflanzmöglichkeit besteht, schlagen wir die Lilien in feuchten Torfmull oder in Moos ein. Wenn es im Herbst zu spät ist, legen wir sie in einen kühlen Keller. Bei Temperaturen von zwei bis fünf Grad Wärme überstehen sie den Winter ohne Schaden.
Bei der Lilienpflanzung ist auf ihre Bodenansprüche zu achten. Während die sehr gartenwilligen Feuerlilien und Doldenfeuerlilien, die Madonnen- und Königslilien, die Davidslilien, Mandarinenlilien, die Türkenbund- und Tigerlilien in einem gut durchlässigen, mehr oder weniger kalkhaltigen Boden wachsen, gedeihen andere Arten nur in kalkfreien Erden. Zu den ausgesprochenen Kalkfliehern gehören die Goldband- und die Prachtlilien. Wenn ihre Zwiebeln ausgelegt werden, sollte man mit dem Boden sehr wählerisch sein. Wer also eine Dauerpflanzung erzielen will, durchmische die Gartenerde mit viel Torfmull, Laub- oder Moorerde. Besser wäre es natürlich schon, wenn man sie in eine Mischung aus reinem Torf und halbverrottetem Laub setzen könnte. Auch die kalkverträglichen Lilien können Torfmull vertragen. Besonders in lehmigen Böden ist es ratsam, die Erde mit viel Kompost oder Torfmull zu verbessern. Stalldünger oder frischer Kompost darf auf gar keinen Fall in die Nähe der Zwiebeln kommen. Dafür erhalten sie jedes Jahr im April pro Quadratmeter eine geschlossene Handvoll eines stickstoffreichen Volldüngers (Poly-Crescal). Vier Wochen später wird die Düngung mit einem phosphor- und kalireichen Volldünger (Poly-Fertisal) in gleicher Höhe und Menge abgeschlossen. Unsere Lilien wollen mit ihren Wurzeln trocken stehen. Um einen guten Wasserabzug zu erreichen, kommen unten in das Pflanzloch Reisig, Schlacke, Steine oder grober Sand. Die Zwiebeln können auch direkt auf einen kleinen Kies- oder Schlackenhügel gesetzt werden. Dadurch ist ein schneller Wasserabzug gegeben.

Man sollte die Lilienzwiebeln nicht beliebig auslegen, sondern die günstigste Pflanzzeit abwarten. Die frühblühenden Goldband-, Madonnen-, Königs- und Feuerlilien kommen im August/September in den Boden. Bei den spätblühenden Tiger-, Davids-, Mandarinen- und Prachtlilien gibt man der Frühjahrspflanzung den Vorzug. Wenn sie im Frühjahr zu spät ausgelegt werden oder die jungen Triebe abbrechen, beginnen die Zwiebeln erst im zweiten Jahr auszutreiben.

Vielfach kommen die Lilien zu flach in den Boden. Sie frieren dann im Winter hoch und finden beim Austrieb nur ungenügend Halt für ihre Blütentriebe. Die sogenannten Stengelwurzler müssen sehr tief gepflanzt werden. In der Regel bedeckt man die Königslilien, die Tigerlilien, die Feuerlilien und die Davidslilien 20 cm mit Erde. Zum Schutz gegen die Winterkälte wollen die Goldbandlilien noch tiefer, bei 25–30 cm, liegen. Dadurch haben die Pflanzen die Möglichkeit, an den Stengeln zu wurzeln. Die Wurzeln verankern die Lilien fester im Boden und führen den Blättern Nährstoffe zu. Eine Ausnahme machen lediglich die Madonnenlilien. Ihre Zwiebeln sind nur einen Finger breit unter die Erde zu legen. Generell wäre zu sagen, daß die Lilienzwiebeln in schweren Böden höher, in leichten Böden entsprechend tiefer gesetzt werden. Dabei faßt man immer Gruppen von drei bis fünf Zwiebeln in einem Abstand von 10–30 cm zusammen.

Viele Lilien lieben die Gesellschaft von Gehölzen. Schon im Frühjahr schieben sie ihre Blütenschäfte durch das Gesträuch. Ihre langen, schmalen Triebe erhalten dadurch eine gute Standfestigkeit. Zwischen Sträuchern fühlen sich Feuerlilien und Doldenfeuerlilien, Davids- und Mandarinenlilien besonders wohl. Goldband- und Prachtlilien wirken in Verbindung mit niederen Bodendeckern, Japan-Ahorn und dessen Begleitstauden am schönsten. Alle Lilien haben die Füße gerne im Schatten und den Kopf in der Sonne. Zur Beschattung der unteren Stengelteile wird man sie deshalb zwischen Kleinstauden und niedere Sträucher pflanzen. Halbverrottetes Herbstlaub gibt den Zwiebeln Schutz gegen den Winterfrost und verhindert eine starke Bodenaustrocknung im Sommer. Zum Schutz gegen die gleißenden Sonnenstrahlen kann um die Lilien auch Torfmull gestreut werden. An heißen Sommertagen wird zusätzlich die Regenanlage in Tätigkeit gesetzt. Wenn wir durch einen lebenden Pflanzenrasen die Erde im Wurzelbereich kühlen, blüht die Königslilie sehr reich. Ihre jungen Triebe, die der Spätfrost leicht zum Absterben bringt, lassen sich durch eine gute Bodendeckung schützen.

Jedes Verpflanzen ist den Lilien ein Greuel. Wenn keine unbedingte Notwendigkeit besteht, sollte man sie so lange wie möglich im Garten stehen lassen.

Viele Lilien sorgen nicht nur durch ihre samengefüllten Fruchtknoten für Nachwuchs; manche Arten bilden im Boden eine Fülle von Wurzelbrut. Die Madonnen- und Königslilien versammeln sich dabei zu großen Horsten. Bei der Feuerlilie wer-

den die Zwiebeln jedes Jahr verdoppelt. Wenn sie sich nach etwa drei Jahren den Platz streitig machen, kann man sie teilen. Das Auseinandernehmen geht ohne Gewaltanwendung. Die Horste zerfallen beim Hochheben förmlich in ihre Einzelzwiebeln. Doch, als wäre das noch nicht genug – gleichsam, als wollten sie lebende Junge zur Welt bringen, setzen die Tiger- und Feuerlilien in den Blattachseln kleine Bulben an. Sie lassen sich sammeln und im August in die Erde drücken. Nach wenigen Jahren haben wir dann pflanzfertige Zwiebeln.
Wenn im Garten die Feld- und Wühlmäuse regieren, wartet man im Frühjahr vergebens auf die Lilien. Kein Abschreckungsmittel vermag diese Nager von ihren Leckerbissen fernzuhalten. Selbst ein Tauchen der Zwiebeln in Mennige ist ein unvollkommener Schutz. Das einzig wirksame Mittel gegen diese Lilienvernichter sind engmaschige Drahtkörbe, worin die Zwiebeln in die Erde eingegraben werden. Eine radikale Feld- und Wühlmausbekämpfung läßt sich mit den Ködergiften Detia Giftox, Rumetan-Zinkphosphid-Pulver, Talpan-Giftpulver und den verschiedenen Giftgetreiden durchführen.
Wenn man im Frühjahr nicht auf der Hut ist, werden die jungen Austriebe seitlich von den Schnecken angefressen. Für den Ernstfall sollten wir immer Schneckenkörner in Reserve halten. Die Löcher in den Blättern stammen von den leuchtend roten bis gelblichroten Käfern oder graugelben bis schmutzig-grauen Larven der Lilien- und Zwiebelhähnchen. Käfer und Larve können wir ablesen oder mit blitol-Insektenfrei behandeln. Von den Pilzkrankheiten ist die Grauschimmelfäule am gefährlichsten. Auf den Blättern bilden sich Flecken, die sich über die ganze Pflanze ausbreiten können. In diesem Stadium gehen die Pflanzen in Fäulnis über und bedecken sich mit einem grauen Schimmelrasen. Bei vierzehntägigen Spritzungen mit 0,05 %igem Du Pont Benomyl (= 5 g/10 l Wasser) bleibt man von dieser und vielen anderen Lilienkrankheiten verschont. Nur mit dem Baden der Zwiebeln in Benomyl sollte man vorsichtig sein. Liliensämlinge und -zwiebeln stocken dann und stellen das Wachstum ein.

Lupine *Lupinus-Polyphyllus-Hybriden*

Unter Karl I. von England (1625–49) dienten zwei berühmte Hofgärtner, Tradescant Vater und Sohn. Der junge John verließ eine Zeitlang seine Heimat, um in der neuen Kolonie Virginia Pflanzen zu sammeln. Unter seiner reichen Beute befanden sich immerhin so bekannte Pflanzen wie Lupinen, Sumpfzypressen, Roter Ahorn und ein Commelinengewächs, das zu Ehren seines Vaters und Lehrmeisters John Tradescant d. Ä. *Tradescantia* benannt wurde.
Was der junge Tradescant aus dem Nordosten der USA an Lupinensamen mitge-

bracht hat, war nicht die bekannte Staudenlupine (*Lupinus polyphyllus*), die aus dem westlichen Nordamerika erst um 1890 eingeführt wurde, sondern der wesentlich härtere *L. perennis*.

Dreihundert Jahre nach der Einführung von *L. perennis* hat ihn ein einfacher englischer Landschaftsgärtner aus Yorkshire mit dem frostempfindlichen *L. polyphyllus* eingekreuzt. Diese vollendeten Lupinenschönheiten, die nach ihrem Züchter Georg Russel als sogenannte Russel-Hybriden in den Gärten gegenwärtig sind, besitzen dichte und massive Blütenstände in nahezu allen Farbtönen.

Viele Unarten – etwa die unteren Blüten vorzeitig zu verfärben und abzuwerfen – sind bei den neuen Sorten nicht mehr zu finden. Über den fingerförmig geteilten Blättern, die annähernd so groß sind wie eine gespreizte Hand, stehen massive Blütenstände von ungewöhnlicher Leuchtkraft. Im Juni/Juli füllen sie die Lücken zwischen Frühlings- und Sommerflor. Es blühen dann 'Blushing Bride' (elfenbeinweiß mit rosa Hauch), 'Golden Queen' (leuchtend gelb mit hellem Flügel), 'Lady Fayre' (altrosa mit heller Fahne), 'Lilac Time' (weißlich mit lila Schiffchen), 'Rita' (tiefkarmin mit karmesinrosa Schiffchen), 'Robijn' (karminrot mit bräunlich getönter Fahne), 'Rosenquarz' (kräftig rosarot), 'Rosenturm' (rosa), 'Sonnenturm' (gelb mit lachsroter Fahne), 'Thundercloud' (purpurblau mit violettblauem Schiffchen) und viele andere Sorten.

Die Lupinen sind keine guten Gesellschafter. Ihre dominierende Wirkung erlaubt es nicht, ihnen andere Stauden unterzuordnen. Man wird ihnen deshalb nur eine Solitärstellung in Gemeinschaft mit Orientalischen Mohn und hoher Bartiris zugestehen. Bei ihrem Hang zur Horstbildung ist es oft ein Problem, sie in die Staudenrabatte einzuordnen. Nur bei größeren Lupinengruppen kann man mit den Farben spielen. Am schönsten sind sie in bunter Mischung, die sich auch auf einen Lupinenstrauß übertragen läßt. In der Vase verkümmern ihre Blüten und zeigen leider nur eine begrenzte Haltbarkeit.

Auf die Dauer ist es nicht sicher, ob sie durch jeden Winter kommen. Gerade weil die Lupinen in unseren Gärten nicht das Alter eines Methusalem erreichen, ist es immer wieder reizvoll, aus den Samentüten neue Farben zu zaubern. Bei Herbstaussaaten keimen sie am besten. Von Sorten, die nicht echt fallen, kann man Stecklinge mit einigen Faserwurzeln schneiden. Ein Teilen der Lupinen sollte man erst gar nicht versuchen. In kleinen Töpfen und bei ständigem Feuchthalten ist eine schnelle Wurzelneubildung zu erwarten.

Wenn die Lupinen einen humusarmen und durchlässigen Sandboden vorfinden, wird ihr Leben um Jahre verlängert. In kalkreichen Erden, in lehmigen und nassen Böden sind die Lupinen dagegen sehr kurzlebig. Wenn die notwendige Bodensäure fehlt, werden ihre Blätter gelb. Mit viel Torf läßt sich dieses Übel schnell beheben.

In niederschlagsarmen Jahren leiden sie sehr unter der Lufttrockenheit. Vorausgesetzt, sie stehen im Sandboden, wirkt sich die feuchte Witterung eines regenreichen Jahres auf das Wachstum äußerst günstig aus. Beim Herausnehmen von Lupinen entdecken wir an den Wurzeln knöllchenartige Verdickungen. Keine Sorge, hier handelt es sich um keine Pilzwucherungen, sondern um die Infektion nützlicher Stickstoffbakterien, die in den Lupinenwurzeln leben. In den Bakterienknöllchen wird Luftstickstoff gebunden und den Blättern zugeführt. Nur deshalb ist es möglich, die Lupinen auf stickstoffarmem Sandboden zu ziehen.
Es ist nichts Außergewöhnliches, wenn die Lupinen im Spätsommer mit einem zweiten Flor erscheinen. Sicherlich hat das mit den Düngegaben zu tun, die man nach der ersten Blüte mit viel Wasser den Lupinen zuführt. Bei der Auswahl der Nährsalze sollten wir uns an die phosphat- und kalibetonten Volldüngemittel Poly-Fertisal, Hortal oder Hakaphos rot halten, von denen ein gestrichener Eßlöffel pro Lupine reicht. Damit sie neue Kraft schöpfen, werden die ersten Blütenstengel vor der Samenbildung herausgeschnitten. Mit allzugroßen Erwartungen sollten wir allerdings nicht auf diesen Spätsommerflor warten. Solche Nachblüten pflegen bekanntlich sehr dürftig auszufallen.
Bei den Lupinen erlebt man es ziemlich häufig, daß die Blattränder bogenförmig ausgefressen sind. Derartige Schäden werden von 8 mm langen Blattrandkäfern hervorgerufen, die sich tagsüber am Fuße der Pflanzen unter Erdkrümeln verborgen halten. Mit dem insektentötenden Parexan dürfte es nicht schwer sein, diesen Blattrandkäfern beizukommen. Schwieriger ist es, eine Infekton durch Blatt- und Stengelfleckenkrankheiten, Echten Mehltau und die Verticillium-Welke zu verhindern. Wenn man wiederholt mit 0,1 %igem Du Pont Benomyl (= 10 g/10 l Wasser) gießt oder vierzehntägig spritzt, bleibt man auch von diesen Pilzkrankheiten verschont.

Indianernessel *Monarda-Hybriden*

Was wären unsere Staudenrabatten ohne das Rot der Monarden? Im Sommer ein Gelb in Gelb.
1656 wurden ihre Eltern, *Monarda didyma* und *M. fistulosa,* aus ihrer nordamerikanischen Heimat nach Europa gebracht. Die besten Züchtungen sind zur Zeit 'Präriebrand' (leuchtend dunkelkarmin), 'Adam' (karminrot), 'Croftway Pink' (reinrosa) und 'Prärienacht' (lila). Ihre Blüten setzen von Juli bis September herrliche Farbakzente in den Garten. Es ist ein überwältigender Anblick, wenn die knallroten Blütenquirle zwischen den gelben *Coreopsis verticillata* aufleuchten. Für eine Benachbarung eignen sich auch die blauen Sorten von *Scabiosa caucasica.*

Der aromatische Duft der Monardenblätter ist auf die ätherischen Öle Thymol und Karvakrol zurückzuführen. Von dem Thymianduft der Blütenquirle werden Bienen und eine Vielzahl von Schmetterlingen angelockt. Die Monarden lieben eine bleibende Bodenfeuchtigkeit. Bei Trockenheit ist eine Wassernachhilfe unumgänglich. Um die Feuchtigkeitsreserven zu halten, sollten sandige Erden mit Torfmull verbessert werden. Die Monarden lassen sich nur im Frühjahr pflanzen, wobei nicht mehr als neun Monarden auf einen Quadratmeter kommen.
Schwankendes Winterwetter, einmal mit und ein anderesmal ohne Schnee, ist ihnen sehr zuwider. Mit einem Pelzkragen aus halbverrottetem Stalldung, Torf oder Laub läßt sich der Frost fernhalten. Der Mist wärmt nicht nur die Wurzeln – mit dem Schmelzwasser werden im Frühjahr auch Nährstoffe in den Boden gewaschen. Bei ausreichender Nährstoffversorgung besteht die Aussicht, reich bestockte Monarden zu erhalten, die jeden Sommer mehrere Dutzend Blütenstände entwikkeln. Wer nicht in der glücklichen Lage ist, über entsprechende Stalldungquellen zu verfügen, sollte im Frühjahr jeder Pflanze einen gestrichenen Eßlöffel Blaudünger geben.
Die Monarden haben einen leichten Ausdehnungsdrang. Wenn sie zu sehr in die Breite geht, werden sie im Frühjahr geteilt und nach gründlicher Bodenvorbereitung wieder aufgepflanzt.
Mit einer Schädlingsplage ist kaum zu rechnen. Nur in trockenen Sommern werden sie gelegentlich von Blattläusen befallen. Als Bienenfutterpflanzen sind die Monarden so wertvoll, daß man möglichst nicht zur Giftspritze greift. Wer es nicht lassen kann, sollte das bienenungefährliche blitol-Insektenfrei nehmen.

Pfingstrose *Paeonia-Lactiflora-Hybriden, P. officinalis*

Die Bauernpfingstrosen erinnern an die barocken Formen des 17. und beginnenden 18. Jahrhunderts. Als Abkömmlinge der südosteuropäischen *Paeonia officinalis* kamen sie 1548 in unsere Gärten. Kein Wunder, daß diese vollbusigen Pfingstrosen im Barock eine große Zeit hatten. Von vielen Blumenmalern, welche sie bis ins Detail mit dem Pinsel festgehalten haben, wissen wir genau, wie die damaligen Sorten ausgesehen haben. In den vergangenen Jahrzehnten kamen sie aus der Mode und damit aus unserem Gesichtskreis. An ihre Stelle traten sehr alte Kulturpflanzen des Fernen Ostens, die Edelpaeonien (*Paeonia*-Lactiflora-Hybriden). Erst in neuer Zeit besinnt man sich wieder auf die Bauernpfingstrosen. Neben den einfachen Formen werden gefüllte Sorten gezogen. *Paeonia officinalis* blüht im Mai/Juni, während die *P.*-Lactiflora-Hybriden im Juni/Juli in unseren Gärten erscheinen. Eine Aufzählung von Farben und Namen sei mir erlassen. Wer sich im

Monarda-Hybride 'Cambridge Scarlet'.

Sortiment umsehen will, braucht nur einen Blick in einen Staudenkatalog zu werfen. Gegenwärtig stehen die einfachblühenden Sorten in der Gunst der Gartenarchitekten ganz oben. Dem Charme der gefüllten Paeonien-Schönheiten wird sich auch ein moderner Garten nicht verschließen.

Die Pfingstrosen entwickelten sich am prächtigsten in alten Bauerngärten, wo sie, Jahrzehnte vor jedem Spaten sicher, zu stattlichen Horsten heranwachsen konnten. Auch für unsere Staudenrabatte sind die Pfingstrosen lohnende Pflanzen, wenn wir sie beim Ausstechen, Teilen und Verpflanzen von Staudennachbarn in Ruhe lassen. Pfingstrosen, deren Blumenmitte bereits zu sehen sind, sollten wir für die Vase nicht mehr schneiden. Ihre allerbeste Zeit ist im knospigen Zustand, wenn sich die Kronblätter lockern. Damit sie in der Vase gut aufblühen, spaltet man den Stiel einige Zentimeter ein. Was hier gesagt wurde, bezieht sich auf die einfachen und schwachgefüllten Sorten. Die dichtgefüllten werden dagegen erst geschnitten, wenn sich die Knospen halb geöffnet haben. Die Bauernpfingstrosen haben keinen guten Ruf als Schnittblumen. Ihre Stiele sind nicht lang genug, und wenn man sie zu tief herausschneidet, wird die Pflanze zu stark geschwächt. Einige Blätter sollten in jedem Fall stehen bleiben.

Die besten Lebensbedingungen finden die Pfingstrosen in einem humosen, mäßig sauren Boden. Kalkhaltige Dünger sind also mit Vorsicht zu verwenden. Durch eine tiefe Bodenbearbeitung und gut bemessene Torfgaben läßt sich das Wurzelwachstum günstig beeinflussen.

Gegen Ende September beginnen die Pfingstrosen mit der Bildung neuer Wurzeln. Im Spätsommer ist also die beste Zeit des Ein- und Umpflanzens gekommen. Von Kennern wird das Wurzelpaket sorgsam herausgestochen, mit einem scharfen Messer geteilt und beim Einpflanzen etwa drei Finger breit mit Erde bedeckt. Es ist sehr wichtig, bei den Pfingstrosen auf die Pflanztiefe zu achten. Das heißt, sie dürfen nicht zu tief in den Boden kommen. Es dauert sonst Jahre, ehe sie wieder blühen. Ihr Platzbedarf ist sehr groß. Auf einen Quadratmeter sollte man nicht mehr als zwei Paeonien pflanzen. Wer Pfingstrosen in den Garten setzt, muß viel Zeit und die nötige Geduld haben. Dafür können sie auch Jahrzehnte unverpflanzt im Garten stehen, ohne mit dem Blühen nachzulassen. Auf gar keinen Fall sollte man sich von seiner Vermehrungslust hinreißen lassen und versuchen, aus einer Pflanze zwei, drei oder gar vier zu machen. Das ist nicht ganz einfach, und zum anderen danken es uns die Pfingstrosen nicht. Im ersten Winter nach der Pflanzung kann man den Boden mit Laub, Torfmull oder Tannenreisig abdecken. Später sind die Pfingstrosen völlig winterhart. Ein Abdecken ist dann nicht mehr notwendig. Sehr langstielige und starkgefüllte Sorten leiden oft unter den Niederschlägen. Die Blüten werden regenschwer und kippen um. Mit Hilfe von »Korsettstangen« aus Eisen- oder Drahtringen kann man die Pfingstrosen vor dem Auseinanderfallen bewahren.

In Trockenzeiten ist vor der Blüte durchdringend zu gießen. Wassermangel kann sogar die Knospenbildung hemmen. Hinzu kommt, daß bei überalterten Pflanzen, die nicht geteilt und verpflanzt werden, infolge Nährstoffmangel die Reichblütigkeit nachläßt. Ja, sie verlieren sogar ihre Füllung. Im Winter etwas Komposterde um die Pflanzen ausgebracht, wirkt Wunder. Wenn sie trotzdem mit dem Blühen nachlassen, kann man nicht umhin, nach dem Austrieb um jede Pflanze eine Handvoll Blaudünger zu streuen. Wie schon an anderer Stelle gesagt, wird nicht gekalkt, da die Pfingstrosen einen schwach sauren Boden bevorzugen. Organische Stickstoffdünger sind ebenfalls mit Vorsicht zu verwenden. Einmal, weil die langsam-

Edelpaeonie, Paeonia-Lactiflora-Hybride.

wachsenden Paeonien den vielen Stickstoff gar nicht verwerten können, zum anderen ist die Gefahr der Grauschimmelfäule sehr groß. Die erkrankten Pflanzen faulen am Stengelgrund, an den Stengeln und auch an den Blütenknospen. Übrigens, ein erprobtes Gegenmittel im Kampf gegen diese leidige Botrytis-Stengel-, -Blatt- und -Knospenerkrankung ist vierzehntägiges Spritzen mit 0,05 %igem (= 5 g/10 l Wasser) Du Pont Benomyl. Das harte Laub der Pfingstrosen wird seltsamerweise auch noch von Blattfleckenkrankheiten und Rostpilzen befallen. Dabei haben sie Blätter wie hartes Schuhleder. Meist bleiben diese Pilzkrankheiten unbeachtet, zumal durch Benomyl-Spritzungen die meisten Pilzkrankheiten ohnehin erfaßt werden.

Türkischer Mohn *Papaver orientale*

1714 kam der Türkische Mohn aus dem Orient in unsere Gärten, genauer gesagt, in die Hände begnadeter Züchter. In Deutschland sind in den letzten zwei Jahrzehnten bei Karl Foerster in Bornim bei Potsdam vorzügliche Sorten wie 'Feuerriese' (ziegelrot), 'Großmogul' (rot), 'Kalif' (dunkelrot), 'Rosenpokal' (karminrosa) und 'Seidenjuwel' (hellrosa) entstanden.
Wer das brennende Rot des Türkischen Mohns liebt, sollte ihm die leuchtend tiefblaue *Salvia × superba* 'Mainacht' vorpflanzen. Sie blühen mit einer solchen Intensität, daß einem bei diesem Blau und Rot die Augen überquellen. Im Mai/Juni leuchtet der Türkische Mohn für kurze Zeit wie ein Feuerwerk auf, um den Rest des Sommers still im Garten zu verbringen. Um diesen vorzeitigen Winterschlaf zu stören, greifen wir zur Schere und schneiden die gelben Blätter handhoch über dem Boden ab. Der zurückgeschnittene Mohn bringt zwar keine Blüten mehr, dafür steht er für den Rest des Sommers mit einem frischen Grün im Garten. Wenn er massiert gepflanzt wird, entsteht im Sommer eine große Lücke auf dem Staudenbeet. Durch die Benachbarung mit Rittersporn und Sorten von *Helenium, Heliopsis* und *Aster amellus* läßt sich bis zum Herbst ein fortlaufender Blütenflor erreichen. Man kann ihn auch in Verbindung mit Gehölzen zeigen. Der Türkische Mohn will jedoch in der Sonne stehen.
Als Schnittblume kann man ihm nicht das beste Zeugnis ausstellen. Vollerblüht hält er schon gar nicht in der Vase. Wenn die Knospen Farbe zeigen, ist der günstigste Zeitpunkt gekommen. Das Rot quillt dann zwischen den schützenden Kelchblättern langsam hervor und die Blüten halten länger als an der Pflanze.
Der Türkische Mohn läßt sich schwer verpflanzen. Am besten setzt man Jungpflanzen mit Topfballen vor dem Austrieb im Frühjahr oder nach dem Einziehen im Spätsommer. Dabei sollte auf einem Quadratmeter nicht mehr als ein halbes Dutzend Pflanzen stehen. Wenn er einmal angewurzelt ist, läßt er sich nur noch mit dem Rodespaten entfernen. Mit seinen langen Pfahlwurzeln greift er bis in große Tiefen. Wo er allerdings auf einen hohen Grundwasserstand trifft, in zu saurem Boden steht oder häufigen Niederschlägen ausgesetzt ist, geht er ein. Älterer Mohn wächst beim Teilen sehr schlecht an. Auf jeden Fall sollte man ihn in einen tiefgründigen, humosen Boden pflanzen. Mit seinen Wurzeln verankert er sich dann in so großer Tiefe, daß er jede Trockenheit und Sommerdürre übersteht.
Wer den Türkischen Mohn lange im Garten erhalten will, muß ihm ein ausgeglichenes Nährstoffangebot geben. Wachstum und Blüte werden sicherlich geschwächt, wenn wir im Frühjahr nicht um jede Pflanze einen gestrichenen Eßlöffel voll Blaudünger streuen.

Türkischer Mohn, Papaver orientale 'Feuerriese'.

Wo die Mäuse im Garten regieren, sollte man sehr schnell zu Ködergiften oder Giftgetreide greifen. Gelegentlich macht sich auf der Blattoberseite durch fahle Flecken und unterseits durch bläulichgraue Schimmelrasen der Falsche Mehltau bemerkbar. Das Angebot an bienenungefährlichen Pflanzenschutzmitteln ist so groß, daß es nicht schwerfallen dürfte, durch vorbeugendes Spritzen gegen diesen Falschen Mehltaupilz Herr zu werden. Zu empfehlen sind blitol-Pilzfrei, Dithane Ultra Riedel, Dithane Ultra Spieß-Urania, park-Pilzspritzmittel, BASF-Maneb-Spritzpulver, Dithane M Riedel, Maneb Merck, Polyram Combi, BASF-Zineb-Spritzpulver, Lonacol und Thionic.

Sommerphlox *Phlox-Paniculata-Hybriden*

Wer den Wohlgeruch und die Blütenschönheit der Sommerphlox-Sorten kennt, wird sie gerne in den Garten holen. Bereits um 1732 kam die Urform von *Phlox paniculata* über den Atlantischen Ozean. Wer ihn von den dünn bewaldeten Flußniederungen längs des Ohio-Flusses nach Europa brachte, wissen wir heute nicht mehr. Zwei Jahrhunderte kontinuierlicher Entwicklung in England, Frankreich, Holland und Deutschland brachte ein umfangreiches Sortiment zuwege. In knapp 70 Jahren gab die Firma W. Pfitzer in Stuttgart 513 Phlox-Züchtungen heraus. Wenn man sich nur auf jene Sorte beschränkt, die eine vorzügliche Bewertung verdienen, erhält man eine mittelstattliche Sammlung von Sommerphloxen, die zwischen Juni und September blühen.

Daß sie nicht mehr so hoch wachsen wie die alten Sorten, ist ebenso ein Vorzug wie die Verdoppelung der Blütengröße und die Verlängerung der Blütezeit. Wer ein Zuviel an blassen Farben hat, dem bleibt nichts anderes übrig, als Phloxe mit Kontrastfarben nachzubestellen. Man muß sie gesehen haben – die tiefviolettrote 'Aida', die lachsrosa 'Frauenlob', die hellrosa 'Landhochzeit', die leuchtend orangerote 'Orange', die weiße 'Pax', die rosa 'Sommerfreude', die leuchtend rote 'Starfire',die hellviolette 'Violetta Gloriosa', die rotviolette, weißäugige 'Wilhelm Kesselring' oder die leuchtend rosa 'Württembergia' – und man wird sich gerne von den alten Sorten lösen. In der Spitzenklasse behaupten sich jedoch nach wie vor über 50jährige Sorten, die von ihrem vorzüglichen Gartenwert noch nichts eingebüßt haben.

Die Züchter haben Phloxe mit starken und leuchtenden Farben in den Handel gebracht. In vielen Sorten brennt ein Feuer, das durch die Benachbarung mit *Oenothera tetragona* 'Hohes Licht' oder *Helenium bigelowii* 'Superbum' seine Vollendung findet. Auch die Blütenlänge läßt keine Wünsche offen. Diese Überlegungen verbinden sich mit den Empfehlungen, es mit frühen Sorten zu versuchen, die vor dem Einsetzen des Hauptflors blühen. Ihre Zeit läßt sich bis September verlängern, wenn wir den Phlox vor oder beim Erscheinen der Blütenknospen um Handbreite einkürzen. Die entspitzten Triebe treiben aus den Blattachseln und blühen um etliche Wochen später. In Hausgärten kann man sich ein ganzes Beet oder einen Blütenstreifen mit Phloxen vorstellen. Allgemein wird ihr Wohlgeruch begrüßt, der sich am Abend so verstärkt, daß ganze Duftwolken durch den Garten getragen werden. Wenn es dann zu dunkeln beginnt, werden die Phloxblüten von zahlreichen Nachtschwärmern beflogen.

Der Blütenduft mag Anlaß oder Ablehnung sein, den Sommerphlox als Schnittblumen zu verwenden. Von der Einzelblüte darf man nur eine Haltbarkeit von weni-

Sommerphlox, Phlox-Paniculata-Hybride 'Landhochzeit'.

gen Tagen erwarten. An den Blütenständen befinden sich gleichzeitig Knospen, die sich öffnen, während die alten Blüten abfallen. Die Gesamtblütezeit in der Vase läßt sich durch täglichen Wasserwechsel oder Frischhaltemittel um einiges verlängern. Beim Blumenschnitt ist nur darauf zu achten, daß ein Drittel der belaubten Stengel an der Pflanze verbleibt.

Der Sommerphlox läßt sich im Herbst und im frühen Frühjahr pflanzen. Wer die großen Horste aus dem Boden sticht, wird feststellen, daß sich die Wurzelstöcke nur mit Hilfe eines Spatens oder Messers gewaltsam in faustgroße Stücke zerlegen lassen. In einem tiefgründigen und nährstoffreichen Boden entwickeln sie schon im Sommer nächsten Jahres starke Blütenschäfte. Man kann den Sommerphlox einzeln oder in Gruppen im Abstand von 40–60 cm pflanzen. Dabei ist darauf zu achten, daß er nicht zu tief in den Boden kommt. Die Überwinterungsknospen sitzen unmittelbar unter der Erdoberfläche. Wenn sie zu tief sitzen, haben sie einige Mühe mit dem Blühen. In schneelosen Wintern können Frostschäden auftreten. Frischgepflanzter Phlox wird deshalb mit einer Laub- oder Torfmulldecke geschützt. In Lehm- und Humusböden machen sie wenig Sorge. Nur in sommertrokkenen Gegenden lassen sie in sandigen und mageren Erden nach, wenn nicht mit Torf oder Komposterde nachgeholfen wird.

Die Schulweisheit besagt, daß die Beetstauden alle drei bis fünf Jahre zu teilen sind. Im Gegensatz dazu stehen viele Phloxe ein ganzes Jahrzehnt unberührt im Garten. Wer einfach keine Zeit zum Umpflanzen gefunden hat, wird bei genügender Bodenfeuchtigkeit und ausreichenden Nährstoffen nicht enttäuscht. Mit Volldüngergaben im Frühjahr und durchdringendem Wässern im Sommer ist es leicht, den Phlox unverpflanzt im Garten zu halten. Die Triebentwicklung und Blühwilligkeit lassen sich durch sehr hohe Blumendüngergaben steigern. Wenn man die Nährsalze aufgelöst im Wasser verabreicht, wird in eine 10-Liter-Gießkanne eine geschlossene Handvoll Blaudünger gegeben und um eine Pflanze gegossen. Man kann die geschlossene Handvoll Blaudünger auch ausstreuen. Die Nährsalze müssen dann nur eingeharkt oder gut eingewässert werden.

Nach der Blüte wird der Fruchtstand dicht über dem Laub ausgebrochen. Wenn der Sommerphlox Gelegenheit hat, seine Samen auszustreuen, keimen die Sämlinge zu Füßen der Eltern. Statt ihrer Vorzüge summieren sich deren Mängel. Die Sämlinge sind meist blaß in der Farbe und kleinblütig, stark im Wuchs und deshalb so gefährlich. Ihre starke Lebenskraft führt schließlich zum Absterben der Mutterpflanzen. Unachtsamkeit oder der Glaube, daß sich in den Kindern die Tugend der Eltern summiert, führt leicht zu großen Enttäuschungen.

Im Herbst sollte man nicht vergessen, die Stengel bis zum Erdboden zurückzuschneiden. Durch das Verbrennen des Krautes kann man zur Bekämpfung der Älchenkrankheit beitragen. In manchen Gärten beobachtet man Sommerphloxe mit einem ausgesprochenen Kümmerwuchs und verkrüppelten Blättern. Man führt diese Erscheinung auf sogenannte Stengel- und Blattälchen zurück. Zur Bekämpfung dieser 1 mm langen Fadenwürmer muß mit ganz starken Geschützen aufgefahren werden. Ich wage es kaum, Staudenfreunden die Anwendung von Temik 10 G zu empfehlen. Dieses Granulat zeigt gegen die Älchen eine so durchgreifende Wirkung, daß selbst stark befallene Pflanzen gesunden. Eine Dauerwirkung läßt sich nur erzielen, wenn wir von diesem Granulat 5 g auf einen Quadratmeter streuen. Schon vor dem Einkauf von Temik 10 G möchte ich dringend bitten, das Mittel vor Kindern und unberufenen Händen sicher zu verwahren. Es gehört zu den hochgiftigen Präparaten. Grundsätzlich verboten ist seine Anwendung in Einzugsgebieten von Grundwassergewinnungsanlagen und Trinkwassertalsperren. Mit der Älchenfreiheit erhöht sich die Blühfreudigkeit der hohen Sommerphloxe. Wer aus verständlichen Gründen von diesem Mittel keinen Gebrauch machen will, dem bleibt nichts anderes übrig, als die befallenen Pflanzen auszugraben und zu verbrennen. Mit dem mehlig-weißen Pilzbelag des Echten Mehltaus werden wir mit einer 0,1 %igen (= 10 g/10 l Wasser) Du-Pont-Benomyl-Spritzung fertig. Nur wenn wir sie frei von diesen Feinden halten, dürfen wir uns einen ganzen Sommer an den *Phlox*-Paniculata-Hybriden freuen.

Rudbeckie *Rudbeckia fulgida var. sullivantii, R. laciniata, R. nitida*

Die nordamerikanischen Rudbeckien sind problemlose Gartenstauden. Eine überwältigende Blühkraft zeigt *Rudbeckia fulgida* var. *sullivantii* 'Goldsturm'. Im Hochsommer stehen ihre goldgelben Sonnenhutblüten so dicht gedrängt über der Pflanze, daß unter dem Gelb kein Grün mehr zu erkennen ist. Im August öffnen sich die ersten Knospen. Bis Oktober folgen immer neue Blüten nach. An Blühfreudigkeit kommt ihr keine Rudbeckie gleich. Zu den bevorzugten Gartenstauden gehört auch die zwei Meter hohe *R. nitida* 'Herbstsonne'. Ihre hängenden Zungenblüten sind noch größer und leuchtender als die der Sorte 'Goldsturm'. Wer Rudbeckien im Großmutter-Look liebt, sollte sich nach *R. laciniata* 'Goldball' umsehen. Mit ihren gefüllten Blüten hängen sie im Sommer bestimmt über Nachbars Zaun. Dagegen wird man ihr in den Staudengärtnereien kaum noch begegnen. Ihre verwandtschaftlichen Bindungen zu *R. nitida* sind so groß, daß aus einer Verbindung von *R. nitida* und *R. laciniata* 'Goldball' die Sorte 'Goldquelle' hervorgegangen ist. Ihr leuchtendes Gelb, die gefüllte Form und gute Standfestigkeit sind so gute Eigenschaften, daß es sich lohnt, nach einer Pflanze Umschau zu halten. Man kann mit den Rudbeckien, weil sie fast zu jeder anderen Staude passen, sehr viel anfangen. Sie müssen nur sonnig stehen, denn das Licht wirkt wie ein Stimulans auf die Knospenbildung. Wer sie also in den Garten pflanzt, wird seine Freude und selten Kummer haben. Unter den Beetstauden nehmen die Rudbeckien eine Sonderstellung ein. Zusammen mit Goldgarbe, Rauhblattaster, Rittersporn, den *Helenium-*, *Helianthus-* und *Heliopsis*-Sorten, mit Pfingstrose, Sommerphlox und Goldrute gehören sie zu den sogenannten Leitstauden, die durch Lebensdauer, Form und Farbe das Bild einer Staudenrabatte bestimmen.
Ihre gute Haltbarkeit in der Vase hat den Rudbeckien den Ruf vollkommener Schnittblumen eingetragen. Sie in großen, bunten Sträußen zu verwenden, sollte man fleißig praktizieren. Denn je häufiger man Blüten schneidet, um so stärker ist mit der Bildung neuer Knospen zu rechnen.

Wenn die Rudbeckien eine »Tonsur« bekommen, das heißt, in der Mitte kahl werden, nimmt man sie mit dem Spaten hoch und teilt sie in faustgroße Stücke. Dieser operative Eingriff ist von so einer verjüngenden Wirkung, daß man ihn alle fünf bis sechs Jahre wiederholen muß. Fast ist man geneigt zu glauben, die Staudenrabatte sei nur zur ungehinderten Ausbreitung der Rudbeckien-Horste angelegt worden. Damit sie auf den Rabatten ihre Nachbarn nicht zu stark bedrängen, hält man beim Pflanzen einen Abstand von 60–80 cm. Wenn die Rudbeckien lange in ihrer vollen Schönheit erblühen sollen, müssen sie in einem gut mit Nährstoffen und Humus versorgten Gartenboden stehen. Die Rudbeckienblätter benötigen viel Kraft und eine ständige Wassernachhilfe, um Hunderte und Aberhunderte von Blüten aufzubauen. Es muß häufig der Schlauch aufgedreht und zweimal im Frühjahr gedüngt werden. Um gut eingewurzelte Rudbeckien wird einmal im Mai eine geschlossene Handvoll Poly-Crescal und einmal im Juni eine geschlossene Handvol Poly-Fertisal gestreut. Wenn der Blütensturm einsetzt, hat sich der Schweiß gelohnt. Nach einem langen Sommer gehen sie ausgereift in den Winter. Man greift dann zu Messer, Schere oder Sichel und schneidet die Rudbeckien bis zum Erdboden zurück.
Mit einer großen Schädlingsplage ist bei den Rudbeckien nicht zu rechnen. Auf den Blättern tritt gelegentlich der mehlig-weiße Pilzbelag des Echten Mehltaus in Erscheinung, oder es zeigen sich zwischen den Blattadern die braunen Schadbilder der Blattälchen. Wenn Sie auf Seite 110 zurückblättern, finden Sie beim Sommerphlox genaue Angaben zur Bekämpfung dieser beiden Schädlinge.

Goldrute *Solidago-Hybriden*

Vitalität und Zähigkeit sind zwei Charaktereigenschaften der Goldruten. Für die zahlreichen Sorten die Väter und Mütter zu finden, wird um so komplizierter, je genauer man ihre Herkunft zu beschreiben versucht. Aber wer weiß schon, wie unendlich viele *Solidago*-Formen es gibt? Allein in Nordamerika zählt man etwa 130 Arten. Falls man dieses reiche Angebot nützen möchte, hätte man wenig Glück. Was sich auf Müllkippen, in verwahrlosten Schrebergärten, auf Ödland, auf Baugelände und in Flußauen angesiedelt hat, sind viele Bastarde, unter denen sich gelegentlich *Solidago canadensis* befindet. Mit diesen wildhaften Goldruten haben unsere Gartenzüchtungen wenig zu tun. Wer heute unter den Goldruten noch irgendeine hochaufgeschossene Staude mit großem Ausdehnungsdrang ver-

Prachtscharte, Liatris spicata.

Rudbeckia fulgida var. sullivantii 'Goldsturm'.

mutet, hat noch nichts von jenem herrlichen *Solidago*-Sortiment gehört, das mittlerweile die höchsten Prädikate erhalten hat.

Wie gelber Blütenschaum türmen sich die *Solidago*-Horste auf kraftvoll schlanken Stengeln. Über dem grünen Blätterwerk erscheinen zwischen Juli und September Tausende und Abertausende von winzigen Korbblütchen, die sich zu federleichten Blütenständen zusammenschließen. Im Garten darf man nur die alleredelsten Sorten pflanzen, die die Untugend des Wucherns abgelegt haben. In der vornehmen Gesellschaft von Beetstauden macht es Spaß, die 40 cm hohe 'Perkeo', die 60 cm hohe 'Strahlenkrone' und die 70–90 cm hohen Sorten 'Federbusch', 'Golden Gate', 'Goldenmosa', 'Golden Shower', 'Goldstrahl', 'Goldwedel' und 'Spätgold' anzusiedeln. Eingekeilt zwischen Hohem Sommerphlox, *Rudbeckia fulgida* 'Gold-

Rudbeckia nitida 'Herbstsonne'.

sturm' und Rauhblattastern lassen sie sich in ihrer Blütenpracht nicht beeinträchtigen.
Als begehrte Schnittblumen können sie zum Auflockern bunter Sommerblumensträuße verwendet werden.
Die Goldruten wachsen von Jahr zu Jahr nach außen, in der Mitte werden sie immer schwächer und lassen mit dem Blühen nach. Im Frühjahr oder Herbst des vierten oder fünften Jahres nimmt man sie aus dem Boden, teilt sie in faustgroße Stücke und pflanzt sie im Abstand von 40–50 cm in einen guten Gartenboden. Wenn sie jährlich eine Kompostauflage bekommen oder im Frühjahr ein gehäufter Eßlöffel Blaudünger um jede Pflanze gestreut wird sowie bei Trockenheit eine Wassernachhilfe erhalten, können sie viele Jahre unverpflanzt im Garten stehen.

Blütenstände, die ihre Farbe verlieren, schneidet man ab. Im Spätherbst erfolgt dann ein zweiter Rückschnitt bis zum Boden. Man hat die Goldruten nach der Blüte gar nicht so gern, weil sie sich mit ihren Samen auf jedem offenen Boden ansiedeln. Sie kennen wie die Kaninchen keine Nachwuchssorgen und besitzen die Zähigkeit von Katzen. Nach der Blüte muß man also auf der Hut sein. Wenn sie ihren Samen nach allen Seiten verstreuen, gehen die prächtigen Zwergsorten in einem Wald von hohen Sämlingen unter.

In manchen Jahren sind sie nach der Blüte von einem mehlig-weißen Belag überzogen. Diese Erscheinung ist auf einen Echten Mehltaupilz zurückzuführen, den man durch eine wiederholte Spritzung mit einer 0,1 %igen (= 10 g/10 l Wasser) Du-Pont-Benomyl-Lösung leicht bekämpfen kann. Ebenso problemlos sind im Mai/Juni die Räupchen des Schattenwicklers. Wo größere Fraßschäden befürchtet werden, liest man sie ab. Wer zu Schädlingsbekämpfungsmitteln greift, verwende bienenungefährliche Präparate, die gegen beißende Insekten wie blitol-Insektenfrei oder Parexan wirken.

Trollblume *Trollius-Hybriden*

Die Trollblumen stehen manchmal wie zierliche Kobolde in den nebelverhangenen Sumpfniederungen, auf feuchten Wiesen und in der Nähe von Bachläufen. In den europäischen Mittelgebirgen begegnen wir dem hellgelben *Trollius europaeus* mit geschlossenen Kugelblüten, in Sibirien dem orangefarbigen *T. asiaticus* und in Nordostchina dem orangegelben *T. chinensis* mit halboffenen Blüten und großen Honigblättern. Diese drei Arten sind die Stammeltern eines großen Geschlechtes, das unsere Gärten mit der *T.-europaeus*-Sorte 'Superbus' und dem *T.-chinensis*-Abkömmling 'Golden Queen' versorgt. Was wir an weiteren Trollblumensorten kaufen, sind Kreuzungen, die aus *T. europaeus, T. asiaticus* und *T. chinensis* hervorgegangen sind. Unter dem Sammelnamen *Trollius*-Hybriden werden Sorten mit Kugelblüten so groß wie Pingpongbälle angeboten. Hervorragende Bewertungen erhielten die gelbe 'Goldquelle' sowie die hellorangefarbenen Sorten 'Orange Globe' und 'Earliest of All'.

Die Trollblumen erscheinen als Frühjahrs- und Frühsommerblüher schon im April, Mai und Juni auf den Staudenbeeten. Unter lichtkronigen Bäumen und in der Nähe von Wasserläufen können sie als gute Nachbarn von Astilben, *Geum hybridum*

Oben: Edeldistel, Eryngium alpinum.
Unten: Trollblume, Trollius europaeus.

'Georgenberg' sowie den Sorten von *Anemone hupehensis, A. japonica* und *A. vitifolia* gepflanzt werden. Wenn sie nicht zu dicht stehen, bilden sie große Pflanzenhorste. Mehr als sechs Trollblumen sollte man ohnehin nicht auf einen Quadratmeter setzen. Am besten wachsen sie im Halbschatten. Wenn sie ganz sonnig stehen, muß immer für Wassernachschub gesorgt werden. Ein Teich- oder Bachufer ist für die Trollblumen der ideale Standort. Wo keine Wasserflächen vorhanden sind, hält man sie in Trockenzeiten mit Hilfe von Rieselschläuchen oder Regnern unter bzw. »über Wasser«.

Für die Vase sind die Trollblumen schnittreif, sowie sie Farbe zeigen. Sehr gute Schnittblumeneigenschaften weisen die Sorten 'Goldquelle' und 'Orange Globe' auf.

Wenn der Boden sehr schwer, sandig oder kalkhaltig ist, muß er einen hohen Torfanteil bekommen. Diese Torfmullgabe reichert den Boden mit Humus und der nötigen Säure an. Alles was *Trollius* heißt, kann im Frühjahr auch eine gute Düngung vertragen. Vor dem Austrieb streut man um jede Pflanze einen gestrichenen Eßlöffel voll Blaudünger. Frisch gepflanzte Trollblumen geben häufig ein Nachspiel – sofern man mit dem Düngen nicht spart und die verwelkten Blüten herausschneidet, kann es zu einer zweiten Blüte kommen. So üppig wie im ersten Jahr nach der Pflanzung wird bei gut ernährten Trollblumen der Flor in der Folge fortgesetzt. Sie können dann bis zu zehn Jahren unverpflanzt im Garten stehen. Erst wenn sie mit dem Blühen nachlassen, werden sie im Frühjahr geteilt und wieder aufgepflanzt. Von Krankheiten und Schädlingen werden Trollblumen höchst selten heimgesucht. Nur zwei Blattfleckenkrankheiten machen ihnen gelegentlich zu schaffen, denen man mit einer 0,15 %igen (= 15 g/10 l Wasser) Du-Pont-Benomyl-Spritzung beikommt.

Beetstaudenbegleiter für sonnige Lagen

Stockmalve *Alcea (Althaea) rosea*

Das Leben der zweijährigen Stockmalven läßt sich durch rechtzeitigen Rückschnitt um einiges verlängern. Noch vor der Entfaltung der allerletzten Knospe wird der Blütenstengel abgeschnitten und damit die Samenbildung unterbunden. Dadurch werden die Stockmalven zur Neubildung von Triebknospen angeregt, mit denen die Pflanzen durch den Winter kommen.
Vor Hausmauern und an Gartenzäunen, in der Nähe von Pergolen, in bunten Staudenrabatten und vor dunklen Gehölzen finden die Stockmalven ihren Platz. Man kann sie im Juli durch Aussaat auf ein Gartenbeet selbst heranziehen. Im August werden die Sämlinge im Abstand von 30 cm pikiert und vor den Winterfrösten mit einer guten Nadelreisdecke geschützt. Im Frühjahr des kommenden Jahres werden sie dann an Ort und Stelle gesetzt. Die Stockmalven verlangen einen nährstoffreichen, tiefgelockerten Boden. Die Erde soll lehmig, aber nicht naß sein. Bei zu viel Feuchtigkeit faulen die Wurzeln.
In den Bauerngärten findet man die zwei Meter hohen Stockmalven in allen Schattierungen. Auffallend ist eine fast schwarzrote Sorte mit einfachen Blüten. In den Gärten begegnet man am häufigsten den halbgefüllten und gefüllten Formen von Weiß bis Gelb, Rosa und Rot bis Braun.
Wer keine Zeit findet, in Abständen von vierzehn Tagen gegen den Malvenrost mit dem BASF-Zineb-Spritzpulver, Lonacol oder Phytox 80 zu spritzen, sollte es mit den Stockmalven erst gar nicht versuchen. Denn die befallenen Blätter vergilben und sterben ab.

Grasnelke *Armeria maritima*

Die Grasnelke wird als guter Polsterbildner für Einfassungen verwendet. Zusammen mit Karpatenglockenblume und *Oenothera tetragona* 'Hohes Licht' paßt sie gut zu *Erigeron-* und *Heuchera*-Hybriden, *Veronica longifolia*, Polyanthahybrid- und Floribundarosen. Die 10–20 cm hohen Polster sind im Mai/Juni von weißen

('Alba'), leuchtend karminrosa ('Laucheana') und kräftig rosa ('Düsseldorfer Stolz') Blütenköpfchen übersät. Die Grasnelken lassen sich auch großflächig als Rasenersatz an steilen Böschungen pflanzen.
Um gesunde und wüchsige Pflanzen zu erhalten, gebe man den Grasnelken einen durchlässigen Gartenboden. Sie bilden dann festgeschlossene Polster. In extremen Südlagen machen sich nach schneelosen Wintern Frostschäden bemerkbar. Jeder wärmende Sonnenstrahl wird deshalb durch eine Reisigdecke von den Grasnelken ferngehalten.

Alpenaster *Aster alpinus*

Die 20–30 cm hohe Alpenaster läßt sich auf schmalen Rabatten gut mit den verschiedenen Zwergirissorten, Grasnelken und den Karpatenglockenblumen benachbarn. Ihre violetten Strahlenblüten erscheinen im Mai und im Juni. Von den zahlreichen Zuchtformen blühen die Sorten 'Albus' weiß, 'Liebe' dunkelrosa, 'Güte' reinrosa, 'Ruhm' und 'Treue' violett, 'Vollendung' leuchtend blau, 'Wunder' hellviolett, 'Freude' hell-blauviolett und 'Dunkle Schöne' dunkelviolett.
Das Ein- und Umpflanzen sollten wir auf einen trüben Frühjahrstag legen. Nach dem Einsetzen das Angießen nicht vergessen! Für die Alpenaster und ihre Sorten spielt die Wahl des Bodens keine große Rolle. Sie wächst ebenso in einem humosen Gartenboden wie an sandig-kiesigen Standorten. Die Erde darf nur für längere Zeit nicht austrocknen. Auch das Nährstoffangebot sollte ebenso wie die Wasserverhältnisse ausgeglichen sein. Eine geschlossene Handvoll Blaudunger im Frühjahr über einen Quadratmeter verteilt, dürfte genügen. Die Alpenastern blühen dann außerordentlich reich. Wenn sie nach drei bis vier Jahren aus dem Boden herauswachsen oder mit dem Blühen nachlassen, setzt man sie um. Man nimmt die Pflanzen nach der Blüte vorsichtig heraus, zerlegt sie in mehrere Teilstücke und pflanzt sie wieder auf.

Karpatenglockenblume *Campanula carpatica*

Zum Vorpflanzen vor *Oenothera tetragona* 'Hohes Licht', *Veronica longifolia*, *Heuchera*- und *Erigeron*-Hybriden, Polyanthahybrid- und Floribundarosen sind die 15–30 cm hohen Karpatenglockenblumen wie geschaffen. Ihre auserlesenen

Gemswurz, Doronicum orientalis (D. caucasicum), dazwischen das Kaukasusvergißmeinnicht, Brunnera macrophylla, davor Teppichphlox, Phlox subulata.

Züchtungen blühen im Juli/August mit aufrechten Schalenblüten. Wer die Wahl hat, hat die Qual. Die besten Sorten sind 'Karpatenkrone' (hellblau), 'Blaumeise' (hellviolett), 'Chewton Joy' (hellblau), 'Isabel' (dunkelblau), 'Violetta' (dunkelblauviolett), 'White Star' und 'Zwergmöve' (weiß). Wenn man die Karpatenglokkenblume auf den Staudenrabatten verwendet, gedeihen sie in jedem humosen Boden, sofern er nicht zu naß oder extrem trocken ist.

Mädchenauge *Coreopsis grandiflora*

In der Nachbarschaft der Sommerphlox- und *Erigeron*-Sorten, Berg- und Kissenastern, Sommermargeriten und des Rittersporns ist die große gelbe *Coreopsis grandiflora* 'Badengold' ein hervorragender Massenblüher von eindringlicher Wirkung. In den Monaten Juni, Juli und August entfalten sich auf langen Stielen ihre Blüten; sie halten bis zu vierzehn Tagen in der Vase. Selbst knospig geschnitten, blühen sie noch auf. Nach der Sommerblüte sind die Pflanzen so erschöpft, daß sie im Frühjahr nächsten Jahres nur noch kümmerlich austreiben. Ein rechtzeitiger Rückschnitt nach der Blüte regt die Pflanzen zur Bildung neuer Blattrosetten an. Die goldgelbe Sorte 'Badengold', die sich durch eine überreiche Blütenbildung auszeichnet, erhält pro Frühjahr und Pflanze einen gestrichenen Eßlöffel Blaudünger. Außerdem muß sie alle drei Jahre geteilt und neue aufgepflanzt werden.

Gemswurz *Doronicum orientalis (D. caucasicum)*

Die Gemswurz sollte auf keiner Staudenrabatte fehlen. Sie gehört zu den ganz frühen Frühjahrsblühern, die mit ihren gelben »Margeritenblüten« zur Tulpen- und Narzissenzeit erscheinen. In der Frühjahrsecke paßt sie gut zum Tränenden Herzen, dem Kaukasusvergißmeinnicht und den Primeln.

Man kann die Gemswurz überall dort verwenden, wo der Boden nicht zu trocken ist. Wenn sie über Jahre unverpflanzt im Garten steht, geben wir im April eine geschlossene Handvoll Blaudünger auf einen Quadratmeter. Kräftige Pflanzen lassen sich nach der Blüte durch ein Teil des Wurzelballens vermehren. In Gruppen verwendet, sieht man die 25 cm hohe Sorte 'Goldzwerg' sehr gern. Man kann auch die 50 cm hohe 'Lichtspiegel', die halbgefüllte 'Goldkranz' und die gefüllte 'Frühlingspracht' nehmen.

Die Gemswurz will für die Vase in voller Blüte geschnitten werden. Die besten Schnittsorten sind 'Frühlingspracht' und 'Goldkranz'.

Alpenaster, *Aster alpinus.*

Kaiserkrone, *Fritillaria imperialis.*

Kugeldistel *Echinops banaticus, E. ritro*

Die Kugeldisteln sind außergewöhnliche Zierstauden für den Hausgarten. Schon im Juli/August ziehen die blauen Blütenköpfe von *Echinops banaticus* 'Taplow Blue' und die stahlblauen Kugelköpfe von *E. ritro* 'Veitch's Blue' die Blicke auf sich. Ihre Dimensionen sind auf große und kleine Gartenräume abgestimmt. Solitär und in kleinen Gruppen passen sie zu *Heliopsis*- und *Helenium*-Sorten, zu Staudengräsern und *Eryngium*-Arten. An den Boden stellen sie geringe Ansprüche. Am besten gedeihen sie in einer humosen und kalkreichen Erde. Ihr Wasserbedürfnis ist gering. Sie vertragen die Trockenheit und lieben die volle Sonne.
Wer Spaß am Außergewöhnlichen hat, kann ihre Blüten zu Trockensträußen bin-

den. Ehe die Herbstwinde und der Regen die Blüten unbrauchbar gemacht haben, müssen sie geschnitten werden. In großen Vasen halten ihre blauen Kugelköpfe gut und gerne einen ganzen Winter.

Edeldistel *Eryngium alpinum, E. planum, E. × zabelii*

Die Edeldistel verwenden wir am besten in Verbindung mit Ziergräsern, den Goldruten, *Helenium-* und *Rudbeckia-*Sorten. Im Garten lieben sie viel Sonne, einen tiefgründigen und durchlässigen Kalkboden. In schneelosen Wintern leiden sie unter schroffen Witterungswechsel. Bei *E. alpinum* ist deshalb eine Reisigdecke angebracht.
Ihre stark zerschlitzten Blütenblätter sind wie aus Metall gearbeitet. Besonders empfehlenswert sind die stahlblauen *E. alpinum* 'Amethyst', *E. planum* 'Blauer Zwerg' und *E. × zabelii* 'Juwel'. Ihre bizarren Blütenformen sind nicht nur ein besonders schöner Gartenschmuck, sondern als begehrte Schnittblumen zum Trocknen geeignet.

Kaiserkrone *Fritillaria imperialis*

Die Kaiserkronen lassen sich im Garten vielseitig verwenden. Man kann sie auf die Staudenrabatte und vor Gehölzgruppen, in Frühlingsecken und in einen Garten mit Großmutter-Look pflanzen. In jedem Fall sollten sie immer in Gruppen stehen. Die Kaiserkronen durchbrechen schon im zeitigen Frühjahr den Boden. Unter einem Blätterschopf entfalten sie im April/Mai ihre ziegelroten Blütenglocken. Auch gelbe Sorten ('Lutea' und 'Lutea Maxima'), orangerote ('Aurora'), orangebraune ('Orange Brillant') und rotbraune ('Rubra Maxima') tragen zum Schmuck des Frühlingsgartens bei. Nach der Blüte ziehen die Kaiserkronen ein. Damit die Zwiebeln gut ausreifen, müssen sie völlig trocken liegen. Ein Winterschutz ist nicht erforderlich.
Wenn sie unberührt auf ihren Beeten stehen, bilden sie stattliche Horste. Die Zwiebeln bleiben vier bis fünf Jahre im Boden liegen. Wenn die Zeit zum Verpflanzen gekommen ist, werden sie während ihrer kurzen Ruhezeit, im Juni/Juli, hochgenommen. Vor dem Auslegen der Zwiebeln ist die Brut zu entfernen. In wenigen Jahren sind auch die kleinen Zwiebelchen blühreif.

Akelei, Aquilegia-Hybriden.

Die Pflanzzeit der Kaiserkronen darf nicht zu lange hinausgezögert werden. Eine späte Herbstpflanzung führt zu Störungen, was ein schlechtes Anwachsergebnis zur Folge hat. Die Kaiserkronen nehmen außerdem ein Austrocknen der Zwiebeln sehr übel. Man pflanzt sie möglichst schnell in 25–30 cm Tiefe. Sichtlich gut behagt ihnen ein nahrhafter alter Gartenboden. Die feuchte Kühle wirkt sich besonders günstig auf die Blütenbildung aus. In schweren und lehmigen Böden gehen die Zwiebeln bald zugrunde. Die Pflanzstelle muß in solchen Lagen ausgehoben und durch eine sandige Garten- oder Komposterde ersetzt werden.

Storchschnabel *Geranium macrorrhizum, G. platypetalum*

Der Gartenstorchschnabel läßt sich auf den Staudenrabatten und unter Gehölzen verwenden. Er eignet sich für flächige Pflanzungen bis in den Schatten von Mauern, Bäumen und Sträuchern.
Zäh und ausdauernd, ohne zu wuchern, so kann man *Geranium macrorrhizum* und *G. platypetalum* umschreiben. Zu seiner erstaunlichen Lebenskraft gehört auch eine reiche Blüte. Das 25–30 cm hohe *G. macrorrhizum* blüht in den Monaten Mai, Juni und Juli hellrot. Mit hellrosa Blüten empfiehlt sich seine Sorte 'Spessart'. Als wintergrüner Bodenbedecker ist diese Art und ihre Sorte sehr gut geeignet, zumal die ganze Pflanze aromatisch duftet. Das 40–70 cm hohe *G. platypetalum* begegnet uns sehr häufig mit seinem weithin leuchtenden Hochsommerflor. Die großen, blauvioletten Schalenblüten werden fast drei Zentimeter breit.
Bei *G. macrorrhizum* und *G. platypetalum* wirken nicht nur die Blüten, sondern auch das Blattwerk, welches eine prächtige Herbstfärbung zeigt.

Fackellilie *Kniphofia-Hybriden*

Die sommer- und herbstblühenden *Kniphofia*-Sorten sind eine wertvolle Bereicherung des Staudengartens. Zwischen ihrer schilfähnlichen Belaubung erheben sie von Juni bis Oktober die kolbenähnlichen Blütenstände. Orangerot blühen die Sorten 'Amato', 'Bernocks Triumph' und 'Earliest of All', zitronengelb 'Canary', rot und gelb erscheinen die Fackeln von 'Express', 'Grandiflora' und 'Pfitzeri', lachsrot und gelb von 'Red Princess', rot und gelb von 'Royal Standard' und tief orangerot von 'The Rocket'.
In einem durchlässigen und humosen Boden, geschützt gegen die kalten Nord- und Ostwinde, lassen sich die Fackellilien in jedem Garten verwenden. Der Standort ist sorgfältig auszuwählen. In sonnigen und warmen Lagen erreichen sie bis zu

Storchschnabel, Geranium macrorrhizum.

Storchschnabel, Geranium platypetalum.

100 cm Höhe. An ungeschützten Stellen frieren die Pflanzen in kalten Wintern zurück. Eine Decke aus Laub, Stroh oder Torf schützt die fleischigen Wurzeln vor den Bodenfrösten. Die immergrünen Blatthorste werden nach oben zusammengebunden und durch Fichtenreiser vor der Wintersonne geschützt. Wenn eine genügend hohe Schneedecke vorhanden ist, schaden selbst extreme Frostgrade den Fackellilien nicht.
Die fleischigen *Kniphofia*-Wurzeln faulen im Winter sehr leicht. Man pflanzt sie deshalb am besten im Frühjahr.

Prachtscharte *Liatris spicata*

Zur Auflockerung niederer Staudengruppen, in Gemeinschaft mit Gräsern, Berg- und Kissenastern, Karpatenglockenblumen und Sommermargeriten paßt die Prachtscharte auf jede Staudenrabatte. Auch solitär im Rasen und vor Gehölzgruppen ist sie angebracht.
Aus einem knollenartigen Wurzelstock treibt sie im Frühjahr grasartige Blattschöpfe, aus denen sich von Juli bis Oktober Blütenähren hervorschieben. An den dichtbeblätterten Schäften ordnen sich die blauroten Körbchenblüten von oben nach unten. Mehr violettlila und nur 40–50 cm hoch ist die Sorte 'Kobold', während die violettrote 'Callilepis' federige Blütenköpfchen trägt.
Liatris liebt frische, jedoch gut durchlässige Böden in sonniger bis halbschattiger Lage. Weitere Ansprüche stellt sie nicht. Leider werden ihre knollenartigen Wurzelstöcke sehr gern von Wühlmäusen gefressen. Wie man ihnen diese Leckerbissen verderben kann, lesen Sie auf Seite 34.

Brennende Liebe *Lychnis chalcedonica*

Die Brennende Liebe darf wegen ihrer leuchtend roten Blüten in keiner Staudenrabatte fehlen. Sie passen zu allen Beetstauden. Ganz besonders aber zwischen das Gelb-in-Gelb der frühen *Helenium*-Hybriden und *Heliopsis*-Sorten. Während der Blütezeit, von Juni bis August, ist die Brennende Liebe auch neben Rittersporn, *Erigeron*-Hybriden und Margeriten eine sehr wirkungsvolle Begleitstaude. Wenn die Pflanzen in einem kräftigen Gartenboden stehen und im Herbst gut ausreifen können, dann entfalten sie auf 80 cm hohen Stielen ihren leuchtend roten Frühsommerflor. Nach der Blüte sterben Blätter und Stengel ab. Man schneidet sie bis zum Boden zurück und läßt die Brennende Liebe bis zum erneuten Austrieb im kommenden Frühjahr ruhen.

Goldfelberich *Lysimachia punctata*

Auf größeren Staudenrabatten, am Wasser und vor Gehölzgruppen darf der Goldfelberich nicht fehlen. Die 60–100 cm hohe Pflanze hat die angenehme Eigenschaft, ausdauernd zu blühen. Von Juni bis August erscheinen in den Blattachseln bis zu vier zitronengelbe Blüten. Seine Genügsamkeit läßt ihn in humosem, nicht zu trokkenem Gartenboden mehrere Generationen ausdauern. Wenn es um einen Partner für Blutweiderich, Japan-Anemonen und Astilben geht, ist der Goldfelberich wie geschaffen. Damit er mit seinen unterirdischen Ausläufern nicht zu stark wuchert,

Fackellilie, Kniphofia-Hybride.

muß man ihn gut im Auge behalten. Tritt er zu sehr in Konkurrenz zu benachbarten Pflanzen, nimmt man ihn heraus und pflanzt ihn unter Bäume und Sträucher. Im Wurzeldruck der Gehölze wird sein Ausdehnungsbedürfnis so stark gebremst, daß er keinen Schaden anrichten kann.

Blutweiderich *Lythrum salicaria*

Der Blutweiderich ist eine dauerblühende Gartenstaude, die sich sehr gut mit Trollblume, *Iris sibirica,* den Japanischen Anemonen, Goldfelberich und Gartentradeskantie kombinieren läßt. An den Teichrändern kann er mit dem »Fuß« im Wasser stehen; auf der Staudenrabatte ist er mit jedem feuchten Gartenboden zu-

Brennende Liebe, Lychnis chalcedonica.

frieden. Der Blutweiderich blüht von Juni bis August in 80–150 cm Höhe und erfreut uns mit einem purpurroten Flor. Für unsere Gärten werden auch *Lythrum*-Sorten angeboten, die unterschiedlich hoch werden, wie 'Feuerkerze' (120 bis 150 cm, leuchtend rosarot), 'Roseum Superbum' (100 cm, rosarot), 'Rakete' (80 cm, kräftig rot), 'Robert' (80 cm, leuchtend rot), 'Modern's Pink' (70–80 cm, tiefrosafarben) und 'The Beacon' (70–80 cm, dunkelrot).

Katzenminze *Nepeta × faassenii*

In warmen und sonnigen Gärten ist die Katzenminze für breite Einfassungsbänder, zur großflächigen Bepflanzung von Staudenbeeten und als Nachbarpflanze von

Rosen geeignet. Die *Nepeta* fällt bereits im Mai durch lavendelblaue Blüten auf, die an 30–40 cm langen Ähren sitzen. In Verbindung mit Rosen oder auch als Einfassungsstauden bewähren sich die folgenden Sorten: die dunkelblaue, gedrungene 'Blauknirps', die doppelt so hohe 'Six Hill's Giant', die etwas dunklere 'Grandiflora' und 'Superba'.
Nach der ersten Blüte im Juni werden die Pflanzen stark zurückgeschnitten. Zusätzliche Wasser- und Düngergaben fördern einen erneuten Austrieb. Anfang Juli beginnt *N.* × *faassenii* wieder zu wachsen. Sie blüht dann fortlaufend bis zum ersten Frost.

Nachtkerze *Oenothera tetragona*

Hundert Staudennachbarn fallen mir ein, wenn ich an die bildschöne *Oenothera tetragona* denke. Neben dieser Wildform, der man in unseren Gärten kaum noch begegnet, ist es vor allem die herrliche Neuzüchtung 'Hohes Licht' von Martin Baltin aus Wolfsburg-Ehmen, die einfach überall, wo sie angepflanzt wird, von sich reden macht. In wenigstens einer Ecke Ihres Gartens sollten Sie diese leuchtend gelbe Nachtkerze mit *Heuchera*-Sorten, Karpatenglockenblumen, Grasnelken oder *Erigeron*-Hybriden zusammenpflanzen. Der anspruchsvolle Eindruck wird von einer Fülle goldgelber Blüten ausgelöst, die sich ständig von Juni bis August auf der 60 cm hohen Pflanze entfalten.
Man kann dieser Nachtkerze weder große Bodenansprüche, Blühfaulheit, Wachstumsschwäche oder mangelnde Winterhärte nachsagen. Der einzige Vorwurf ist bei Regenwetter vorzubringen, wenn sie unter der Last des Wassers zu sehr überhängt und von ihrer Blütenschönheit einbüßt.

Teppichphlox *Phlox subulata*

Sehr »bunt« treibt es im Frühjahr der Teppichphlox. Die Aprilsonne ist imstande, den Garten in kraftvolle Farben zu tauchen. Bis Juni ist der niederliegende Teppichphlox so blühfreudig, daß sein Blattwerk unter einem geschlossenen Blütenteppich verschwindet: strahlend weiß 'Maischnee', purpurrot 'Atropurpurea', rosarot 'Daisy Hill' und 'Leuchtstern', hellrosa 'Sprite', karminrosa 'Lindental', dunkelrot 'Temiskaming' und zartlilablau 'G. F. Wilson'. Ja noch in weiteren fünf, zehn oder fünfzehn Sorten breiten sich die *Phlox-subulata*-Züchtungen über unsere Gärten aus! Nach diesem großartigen Feuerwerk begeben sie sich zur wohlverdienten Ruhe. Nur eine Atempuse liegt zwischen den frühjahrsblühenden Teppichphloxen und den hohen Sommerphloxen. Wo man ihnen noch *Solidago*-

Hybriden, die *Rudbeckia*-Sorte 'Goldsturm' und Rauhblattastern als Partner einräumt, hält der Blütenflor von April bis November an. Eine mehr oder weniger starke Beschattung während der Sommerhitze durch die benachbarten Stauden macht ihm gar nichts aus.
Diesen herrlichen Blühern wurde bisher nachgesagt, sie taugten nur für den sogenannten Steingarten. Aber die Teppichphloxe sind keine Alpenpflanzen. Sie fühlen sich ausgesprochen wohl in der Gesellschaft von Beetstauden. Wer nun glaubt, daß diese Bodenbedecker ihren Platz nur in Gemeinschaft mit hohen Stauden haben, hat noch nichts von den Möglichkeiten gehört, mit den *Phlox-subulata*-Sorten Terrassenbeete, steile Böschungen und Blumenzwiebelrabatten großflächig zu bepflanzen.
Ein guter Wasserabzug ist oberstes Gebot für ein optimales Wachstum. Daß sich der Teppichphlox in leicht kalkhaltigem Boden ebenso wohl fühlt wie in sauren Erden, ist ein großes Plus für ihn. Von seinen Staudennachbarn bekommt er bei jeder Düngung und Schädlingsbekämpfung so viel ab, daß für sein Wachstum und die Gesundheitsvorsorge gesorgt ist. Besonders im Hinblick auf den Älchenbefall der Teppichphloxe ist es gut, wenn sie gleich behandelt werden wie die hohen Sommerphloxe.
Wo die immergrünen Polster sehr stark der Wintersonne ausgesetzt sind, deckt man sie jeden Herbst mit Reisig ab. Im ersten Winter nach der Pflanzung benötigen sie in jedem Fall einen Winterschutz, der, wie bei allen Immergrünen, aus einer Fichten- oder Tannenreisigdecke besteht.

Lampionblume *Physalis alkekengi*

Die Lampionblume läßt sich überall dort verwenden, wo ihr Wuchern nicht lästig wird. Auf großen Staudenrabatten und im Schatten lichtkroniger Bäume wirkt ihr leuchtend roter Fruchtschmuck neben den Ziergräsern besonders dekorativ. Auch zur Begrünung kahler Böschungen sind die Lampionblumen gut geeignet. Ihr stark wucherndes Wurzelwerk hält in rutschgefährdeten Lagen die Erde zurück.
Die Fruchtzweige der Lampionblumen sind im August/September ein wirkungsvoller Gartenschmuck. Nicht die gelblichweißen Blüten fallen auf, sondern die hochroten Kelchhüllen, die ihr die Namen Lampionblume und Judenkirsche eingetragen haben. Die Form des Kelches erinnert an die mittelalterliche Kopfbedekkung der jüdischen Bürger.
Aus der 30–60 cm hohen *P. alkekengi* ist die 1 m hohe Varietät *franchetii* und die nur 20 cm hohe Kulturform 'Zwerg' hervorgegangen.
Die Fruchtzweige der Lampionblume liefern eine dauerhafte Vasenfüllung und ein

Lampionblume, Physalis alkekengi.

wertvolles Material für Gestecke aus Trockenblumen. Man schneidet die Zweige erst ab, wenn sich die hochroten Ballonhüllen gut eingefärbt haben, und entfernt die Blätter.

Die Pflanzen lieben einen durchlässigen Gartenboden, der ausreichend mit Kalk versorgt ist. An ungeschützten Stellen ist mit Winterschäden zu rechnen. Das ständige Auf- und Zugefrieren des Bodens verhindert man durch eine Laubauflage. Die

Streudecke schützt nicht nur das Wurzelwerk vor dem Frost, sie reichert auch den Humusgehalt der Krume an.

Sommersalbei *Salvia × superba*

Wie ein blauer Teppich überdecken die Sorten von *Salvia × superba* unsere Staudenbeete mit einer Fülle von Ähren. Von dieser blühenden Wunderwelt, deren unermüdlichen Flor wir von Mai bis Oktober sehen, müßte man annehmen, daß sie als Einfassungspflanzen auf jeder größeren Rabatte zu finden sind. Doch weit gefehlt: überall dasselbe Staudeneinerlei! Sollten wir uns doch entschließen, mit diesen niederen Stauden flächige Pflanzungen durchzuführen, dann sind die leuchtend tiefblaue 'Mainacht' und die dunkelviolette 'Ostfriesland' besonders gut geeignet. Wenn wir uns sofort nach der Blüte die Mühe machen und die Pflanze bis zum Erdboden zurückschneiden, kommt es zu einer Nachblüte. Jede Salvie schätzt es, wenn sie viel Sonne bekommt. Bei einfachster Pflege, die aus dem sommerlichen Rückschnitt, aus leichten Düngergaben und gelegentlichem Wässern besteht, blühen sie unermüdlich bis Oktober.

Kaukasus-Skabiose *Scabiosa caucasica*

Die vielen Blautöne der Kaukasusskabiosen sichern die Harmonie der Farben in den gemischten Pflanzungen aus gelb- und rotblühenden Beetstauden. Daß die Skabiosen manchem Gartenbesitzer nicht so vertraut sind, liegt einfach daran, daß man über ihre Verwendung, Pflege und Sortenvielfalt zu wenig weiß. In Weiß ('Miss E. Willmott') sowie Hellblau ('Clive Greaves', 'Perfecta', 'Ballerina') gibt es die verschiedensten Sorten. Andere blühen mittelblau ('Prachtkerl') oder gar dunkelblau ('Blauer Atlas', 'Nachtfalter', 'Stäfa'), wovon die einen nur 70 cm, die anderen fast 1 m erreichen. In Gemeinschaft mit *Coreopsis verticillata* und Monarden ist die Schönheit, Eleganz und Anspruchslosigkeit der Skabiosen unbestritten. Und wenn wir sie laufend ausschneiden, blühen sie von Juli bis zum ersten Frost.
Auf sonnigen Staudenrabatten, in einem durchlässigen und humosen Gartenboden, wo sich keine Nässe staut, sollten wir die Skabiosen ansiedeln. Allerdings nicht im Spätherbst, wie es bei vielen Stauden geschieht, sondern erst im Frühjahr. So gepflanzt, können wir mit einem sicheren Anwachsergebnis rechnen.

Ligularie, Ligularia × hessei.

Kaukasus-Skabiose, Scabiosa caucasica 'Perfecta'.

Wollziest *Stachys olympica (S. lanata)*

Für Einfassungen und zur Flächenbepflanzung müssen es nicht immer blüten- und blattbunte Bodenbedecker sein. Ebenso attraktiv und gut deckend ist der grauweiß-filzige Wollziest, der vor Sonne und Trockenheit nicht zurückschreckt. Er fühlt sich in einem durchlässigen Boden am besten zu Hause. Der Wasserabzug muß also funktionieren, sonst droht Fäulnis. Auch für steile Böschungen, an denen wegen Sonnenbrand jede Raseneinsaat ausfällt, gibt es, was Wuchskraft und Bescheidenheit anbelangt, kaum etwas Besseres. In punkto Blüten haben wir das exakte Gegenteil. Ja, es ist gut, sie abzuschneiden und das gleich, wenn sie erschei-

Wollziest, Stachys olympica.

nen, weil nach der Blüte die Pflanzen sehr unordentlich aussehen würden. Der Wollziest läßt uns dann mit seiner beneidenswerten Ausdauer nicht im Stich.

Gartentradeskantie *Tradescantia-Andersoniana-Hybriden*

Der Gartentradeskantie ist eine winterharte Staude, die nicht nur in der vollen Sonne, sondern auch im Schatten, in frischfeuchten und trockenen Böden gedeiht. Man kann sie auf der Staudenrabatte, im landschaftlichen Garten, an Bach- und Teichrändern, in der Nachbarschaft von Taglilien, Iris, Trollblumen, des Blutweiderichs und des Goldfelberichs halten. In den Staudengärtnereien sind von den

Gartentradeskantien die schönsten Sorten erhältlich. Man findet die dreiteiligen Blüten in Weiß ('Alba'), Lavendelblau ('James Crawford Weguelin'), in tiefem Violettblau mit gelber Mitte ('Leonora'), Dunkelrosarot bis Karmin ('Rubra') und in tiefem Violettblau mit dunkler Mitte ('Zwanenburg Blue'). Die goldgelben Staubbeutel kommen besonders gut bei den dunkelfarbigen Sorten zur Geltung. Das Leben einer Blüte dauert nicht länger als einen Tag. Doch täglich öffnen sich am selben Blütenstand neue Knospen. Die Blütezeit der Gartentradeskantien beginnt bereits im Mai. Wen wir die verblühten Triebe entfernen, verhindern wir nicht nur eine Selbstaussaat – der Rückschnitt bringt auch einen Nachflor bis September.
In einem guten Gartenboden erreichen die Pflanzen eine Höhe bis zu 80 cm. Wenn sie zu sehr ihre Nachbarn bedrängen, teilt man sie im Frühjahr oder Herbst und pflanzt sie wieder ein.

Ehrenpreis *Veronica longifolia*

Wenn die frühjahrsblühenden Stauden ihre besten Tage hinter sich haben, beginnt für *Veronica longifolia* die Blütezeit. Ein bißchen stolz steht sie schon da mit ihrem straff aufrechten Wuchs, was ihr die Beförderung zum Beetstaudenbegleiter eingetragen hat. Die 80–100 cm hohe Staude trägt lange Blütenähren in einem weithin leuchtenden Blau. Es wird höchste Zeit, diese *Veronica*-Art und ihre etwas kleinere, dafür in kräftigem Blau blühende Sorte 'Blauriesin' in unseren Gärten zu verbreiten. Ihr Blau verträgt sich mit allen gelb- und rotblühenden Stauden samt Polyanthahybrid- und Floribundarosen.
V. longifolia liebt, wie viele ihrer Staudennachbarn, die Wärme und einen guten Gartenboden. Und wenn es von ihr gewünscht wird, blüht sie auch im Halbschatten. Sie wächst stark; wenn sie versagt, liegt es allein am Nährstoffmangel. Deshalb vergessen Sie nicht, beim Düngen der Staudenrabatte um die *Veronica* einen leichten Nährsalzschleier zu streuen. Das wird sie ermutigen, immer fleißig zu wachsen und hübsch bis September zu blühen. Diese Zusatznahrung hat sie verdient, wenn man daran denkt, wie sehr ihr Blau mithilft, das Gelb und Rot eines langen Sommers aufzulockern.

Beetstaudenbegleiter für halbschattige und schattige Lagen

Japanische Anemone *Anemone hupehensis, A.-Japonica-Hybriden, A. vitifolia*

Die Japanischen Anemonen verdienen als Spätsommerblüher einen bevorzugten Platz im Garten. Man kann sie mit Silberkerzen, Astilben und *Hosta*-Arten zusammenpflanzen. Wenn ihr Fuß von benachbarten Pflanzen beschattet ist und an heißen Tagen gut gegossen wird, wachsen sie auch in der Sonne.
An vorzüglichen Sorten bieten sich von *A. hupehensis* die einfachblühenden dunkelrosa 'Praecox' (August/September) und die hellrosa 'Septembercharm' (August/Oktober) an. Die Japonica-Hybriden haben in der einfachen weißblühenden 'Honorine Jobert' (September/Oktober) und in der halbgefüllten, silbrig-rosa blühenden 'Königin Charlotte' (September/Oktober) zwei Spitzenstars. Von *A. vitifolia* blüht im September die einfache hellrosa 'Robustissima', die sich auch als Schnittblume hervorragend eignet.
Die Japanischen Anemonen sollten nicht im Herbst gepflanzt werden. Zum Ein- und Umsetzen ist das Frühjahr die günstigste Zeit. Wenn eine zusätzliche Bewässerung möglich ist, können die Pflanzen Anfang Mai in den Boden kommen. In einem nährstoffreichen, humosen Lehmboden bilden sie die prächtigsten Blütenhorste. Die Japanischen Anemonen sind gegen Trockenheit sehr empfindlich. An warmen Tagen ist deshalb ausgiebig zu wässern. Um Nährstoffmangelerscheinungen vorzubeugen, gibt man eine Handvoll Blaudünger auf einen Quadratmeter.
Überalterte Japanische Anemonen, die mit der Blüte nachlassen, werden im Frühjahr geteilt und auf gut vorbereitete Beete gepflanzt. Im ersten Jahr erhalten sie durch eine Laubauflage einen leichten Winterschutz. Dadurch wird das Hochfrieren und Auswintern der Pflanzen verhindert. Der größte Feind der Japanischen Anemonen ist ohnehin der Frost. Die Japonica-Hybriden und die *A.-hupehensis*-Sorten bedürfen in schneelosen Wintern einer so hohen Laubauflage, daß die Blattschöpfe noch herausragen. In ungünstigen Lagen eignet sich die frühblühende *A. vitifolia* 'Robustissima' am besten.

Japanische Anemone, Anemone hupehensis var. japonica.

Akelei *Aquilegia-Hybriden*

Wie Schmetterlinge schweben die *Aquilegia*-Blüten über ihrem schöngeschnittenen Laub. Im Garten sind die langsporigen und vielfarbigen 'McKana Hybrids' sowie die tiefrote 'Crimson Star' besonders beliebt. Im Halbschatten von Mauern und Gehölzen halten die Blüten am längsten. Die schönfarbigen Sorten lassen sich auch in die volle Sonne pflanzen. Nach dem Frühsommerflor beginnen die Akelei zu ruhen. Sie werden unansehnlich und ziehen ein. Deshalb erhalten sie Japanische Anemonen und späte Astilben-Sorten als Nachbarn, die dann das vergilbte Laub der Akelei verdecken. Beim Umpflanzen kann man die Aquilegien durch vorsichtiges Teilen vermehren. In sehr kalten, schneelosen Wintern ist eine Laubdecke angebracht.

Sterndolde *Astrantia major*

Unter schattenspendenden Bäumen steht diese schöne Wildstaude zusammen mit Astilben und Trollblumen am richtigen Platz. Von Juni bis August werden ihre weißen bis rosaroten Blüten in knopfartigen, 2–3 cm breiten Dolden gebildet. Sehr schön ist die kräftig gefärbte Sorte 'Rosea'. Wenn die Sterndolde in einem feuchten, nahrhaften Humusboden steht, entwickelt sie sich zu einer 80 cm hohen Pflanze. Diese recht schöne Rabatten- und Schnittstaude ist in unseren kalten Wintern völlig hart. Man sollte sie jedoch bis Ende Oktober pflanzen, damit sie vor Einbruch der kalten Jahreszeit noch einwurzeln kann.

Bergenie *Bergenia-Hybriden*

Die Bergenien sind äußerst genügsame Stauden. Man kann sie in schattigen Vorgärten und in sonnenarmen Hinterhöfen, zur Unterpflanzung von Gehölzen und als Rasenersatzpflanze verwenden. Und da, wo die Sonne hinkommt, muß man sie ständig wässern. Bei richtiger Pflege blühen die Bergenien jedes Jahr im Garten. Über die Blütenfarbe und Blattfärbung im Winter können wir uns in jedem einschlägigen Staudenkatalog informieren. Purpurrot leuchten ab April die Blüten der Sorte 'Abendglut', rot von 'Admiral', rosarot von 'Glockenturm' und 'Morgenröte', weiß mit rosa Schein von 'Silberlicht'.
Während der Hauptwachstumszeit im April und Mai ist den Bergenien eine leichte Blaudüngergabe hoch willkommen. Sie werden dann noch mehr Blätter treiben, die jedes Unkraut unter sich ersticken. Das große, wintergrüne Laub vieler Sorten beginnt sich im Herbst rotbraun zu färben. Da sie maßvoll wuchern, kann man sie durch Teilen ihrer flach kriechenden Wurzelstöcke leicht vermehren. Diese Anzucht ist kinderleicht; man sollte allerdings bis zum Frühjahr damit warten.

Silberkerze *Cimicifuga cordifolia, C. japonica, C. racemosa, C. simplex*

Die Silberkerzen sind auffallende Erscheinungen der Staudenwelt. In unseren Garten- und Parkanlagen läßt sich diese lebenskräftige Pflanzengattung vielseitig verwenden. Der süße Duft ihrer meterhohen »Silberkerzen« lockt ungezählte Insekten an. Die Blüten mit ihren Schmetterlingen, Bienen und Käfern, Erdhummeln, Wespen und Fliegen zu betrachten, das ist ein Erlebnis.
Cimicifuga racemosa beginnt im Juli ihre weißen »Silberkerzen« zu entfalten. Die mannshohen, etwas überhängenden Blütentrauben stehen in Büscheln. Sie überragen Astilben, Japanische Anemonen und Salomonssiegel.

Mit ihren zwei Meter hohen Blütenkerzen folgt im August bis September *C. cordifolia.* Ihre kremweißen Blütenrispen sind von großer Schönheit. Straff stehen sie auf ihren Stielen und messen sich in ihrer Höhe mit jedem Staudennachbarn.
C. simplex entfaltet von August bis Oktober ihre weißen, überhängenden Ähren. Durch großen Blütenreichtum zeichnet sich auch ihre Sorte 'Armleuchter' aus. Diese Kulturform bringt verzweigte Blütenstiele hervor, die ihre Eltern um einen halben Meter überragt.
Die blütenarme Zeit vom Spätsommer bis zum Spätherbst wird durch *C. japonica* ausgefüllt. Sie ist zusammen mit den späten Eisenhutarten und -sorten im spätsommerlichen Garten zu sehen.
Die Silberkerzen dürfen nicht zwischen hohen Stauden stehen. Nur niedere, immergrüne und bodenbedeckende Pflanzen bringen die goldene Herbstfärbung des Laubes und die weißen Blütenkerzen über dem dunklen Grün zur Geltung.
Die Cimicifugen sollten nicht gestört werden. Eine tiefe Bodenlockerung können sie ebensowenig vertragen wie das Verpflanzen. Eine Benachbarung ist also sorgfältig zu überlegen. In halbschattigen Lagen können sie sich in Gemeinschaft mit Japanischen Anemonen, Christrosen und verschiedenen Lilien entwickeln. Die herbstblühende *C. japonica* gedeiht auch in der Sonne. Wenn für eine ausreichende Bodenfeuchtigkeit gesorgt wird, entwickelt sie sich sehr gut. Bei großer Trockenheit kann durch eine Laub- oder Torfauflage die Wasserverdunstung eingeschränkt werden. Am besten sagt ihr ein feuchter, humoser Gartenboden zu.
Wenn die Wurzeln der Silberkerzen in Konkurrenz mit stark zehrenden Stauden oder Gehölzen stehen, können ihnen durch eine Mist- oder Kompostauflage Nährstoffe zugeführt werden. Auch leichte Blaudüngergaben tragen wesentlich zur Blütenbildung bei.
Die Nachzucht der Silberkerzen erfolgt durch Teilen der Wurzelstöcke. Frisch gepflanzte Cimicifugen zeigen im ersten Jahr noch nicht den erhofften Blütenflor. Meist dauert es zwei bis drei Jahre, ehe vegetativ vermehrte Pflanzen ein halbes Dutzend gut ausgebildeter Silberkerzen hervorbringen.

Christrose *Helleborus niger*

Die Christrosen stehen gut im Schatten des Hauses und zusammen mit Gehölzen. Man muß ihnen nur Zeit lassen, sich seßhaft zu machen. Dann entwickeln sie sich

Funkie, Hosta crispula.

in der Nähe von Farnen und Japanischen Anemonen, Primeln und Tränenden Herzen zu auffallenden Solitärs. Häufig erscheinen ihre atlasweißen Blüten schon im November, manchmal im Dezember oder Januar. Sie blühen dann bis März/April. Ihre Blütenteller werden aus fünf Kelchblättern gebildet, während die eigentlichen Blütenblätter zu röhrig-trichterförmigen Honigblättern umgewandelt sind.
Wenn die Herbstsonne die Christrosen erwärmt, kommt die Sorte 'Praecox' bereits im Oktober zum Blühen. Den ganzen Winter wartet der großblumige *H. niger* ssp. *macranthus* in den Knospen. Mit der Entfaltung seiner Blüten beginnt auch der Frühling.
Unter dem Namen *Helleborus*-Hybriden wird eine ganze Reihe von weißen, rosaroten und purpurfarbenen Frühlingsschneerosen zusammengefaßt.
Alle Christrosen sind herrliche Schnittblumen. Ihre wachsüberzogenen Blütenschäfte stoßen jegliche Feuchtigkeit auf ihrer Oberfläche ab. Man schneidet deshalb die Stiele von unten kreuzweise ein, bohrt sie mit einem spitzen Draht in einer Länge von wenigen Zentimetern an oder ritzt sie an den Seiten mit einer Nadel ein.
Im August wird es Zeit, die Christrosen zu pflanzen. Beim Setzen müssen sie senkrecht in den Boden kommen. Eingekürzte Wurzeln werden sehr leicht von Fäulnispilzen befallen. In einem kalkhaltigen, lehmdurchsetzten Humusboden ist ein ununterbrochener Blütenflor zu erwarten. Vor dem Pflanzen sind die tieferen Bodenschichten gut mit Humus zu versorgen. Die Erde darf nie austrocknen. Pflanzen, die viel Laub, aber keine Blüten hervorbringen, leiden unter Kalkmangel. Besonders *H. niger* ssp. *macranthus* ist für gelegentliche Kalkgaben sehr dankbar. Abgeblühte Christrosen erhalten im Frühjahr eine geschlossene Handvoll Blaudünger pro Quadratmeter. Die Nährsalze lassen sich auch flüssig verabreichen. In einer 10-Liter-Gießkanne löst man 50 g Blaudünger auf. Jede Pflanze erhält 2 l Nährlösung. Eine 10-Liter-Gießkanne reicht somit für fünf Christrosen.
Die Christrosen können jahrelang unverpflanzt im Garten stehen. Sie dürfen nur nicht hungern. Wenn sie umgepflanzt werden, nimmt man sie im August aus dem Boden und teilt die Wurzelstöcke.
Leider leiden alle Christrosen unter einer blattzerstörenden Schwarzfleckenkrankheit und dem Falschen Mehltau, die wir mit Dithane Ultra bekämpfen. Sie bleiben gesund, wenn wir ihre Blätter vor einer zu häufigen Befeuchtung schützen.

Purpurglöckchen *Heuchera-Hybriden*

An dünnen, straffen Stielen tragen im Juni/Juli die *Heuchera* zierliche Rispen. Ihre Blütenglöckchen sind je nach Sorte einmal hellrosa ('Grazillima'), kräftig rosa mit karminroten Spitzen ('Scintillation'), scharlachkarmin ('Red Spangels'), schar-

Sterndolde, Astrantia major.

Christrose, Helleborus niger.

lachrot ('Rakete') und kräftig lachsrosa ('Weserlachs') gefärbt. Von den verschiedensten Sorten erreichen die einen nur 30 cm, andere die doppelte Höhe.
In den luftfeuchten Küstengebieten ertragen die Purpurglöckchen die volle Sonne, während sie sich im kontinentalen Süddeutschland im Wanderschatten von Bäumen und Sträuchern, zwischen hohen Stauden und im Schutz von Mauern ausgesprochen wohl fühlen. Vorteilhaft werden sie in Verbindung mit Rhododendron und Astilben gepflanzt – sie alle lieben torfreichen Boden. Ansonsten müssen sie in einer sorgfältig vorbereiteten Humuserde stehen. In der bunten Gesellschaft unserer Purpurglöckchen fühlen sich Karpatenglockenblumen, *Oenothera tetragona* 'Hohes Licht', *Erigeron*-Hybriden und Grasnelken recht wohl.
Damit die immergrünen Laubhorste der Purpurglöckchen in strengen und schnee-

losen Wintern nicht den Barfrösten ausgesetzt sind, erhalten sie einen Schutz aus Fichtenreisern. Man kann auch etwas Torfmull oder einen humusreichen Boden um die Pflanzen streuen. Denn *Heuchera* hat die Eigenschaft, mit ihrer verholzten Triebbasis in die Höhe zu wachsen. So versorgt, sind keine Fehlschläge zu befürchten. Die Purpurglöckchen halten dann ein ganzes Dezennium unverpflanzt im Garten aus.

Funkie *Hosta-Hybriden*

Vorgartenbeete können mit buntlaubigen Stauden recht abwechslungsreich ausfallen. Auf breite Rabatten gehört die stahlblaue *Hosta fortunei* 'Hyacinthina', die weißrandige *H. crispula,* die gelbrandige *H. fortunei* 'Aureomarginata' und *H. sieboldiana* 'Aureomarginata'. Es gibt auch Sorten mit weißen Blättern und grünem Rand wie *H. undulata* 'Mediovariegata' (= 'Undulata') oder mit gelben Blättern und grünem Rand wie *H. fortunei* 'Aureomaculata'. Im Gegensatz zu den meisten buntblättrigen Sorten zeigt diese Grünrandfunkie (*H. fortunei* 'Aureomaculata') nur im Frühjahr und im Vorsommer tiefgelbe Blätter. Von Mitte Juni an verfärben sie sich über Fahlgelb in ein mattes Grün. Neben bunten Astilben wirkt das spätere Grün viel angenehmer. Man kann sich auch nur auf grünblättrige Sorten beschränken und *H. fortunei* 'Obscura', *H. plantaginea* 'Grandiflora', *Hosta* 'Honey Bells' oder *H. albomarginata* 'Alba' mit Geißbart, Silberkerzen oder Japanischen Anemonen zusammenpflanzen. Die buntblättrigen Funkien eignen sich besonders gut zur Belebung dunkler und halbschattiger Gartenpartien. Auch als Einfassungspflanzen, in Gruppen und als Solitärs können *Hosta* verwendet werden. Es sind nicht nur außergewöhnlich schöne Blattschmuckstauden – die meisten Arten erscheinen zwischen Juni und August mit weißen, hellila bis violettblauen Blüten.
Ihre enorme Lebenskraft erlaubt es ihnen, unter den schwierigsten Bedingungen auch noch auf schlechtem Boden zu wachsen. Sie entwickeln sich dann von Jahr zu Jahr zu immer stattlicheren Pflanzen, die man jahrelang unverpflanzt im Garten halten kann. An feuchten Plätzen gedeihen sie selbst noch an Stellen, wo die Sonne scheint.
Im Herbst ziehen die Funkien ein. Ihre großen Wurzelstöcke haben während des Sommers genügend Nährstoffe gespeichert, um nach einer langen Winterruhe ihre kräftigen Schosse aus der Erde hervorzuschieben. Nach kurzer Zeit stehen die Pflanzen wieder im Schmuck ihres bunten Grüns, das nur einen Feind, die gefräßigen Schnecken, kennt.

Knöterich *Polygonum affine*

Haben Sie einen Platz auf den Staudenbeeten frei, suchen Sie eine zuverlässige Einfassungspflanze, einen guten Bodenbedecker oder Hangbegrüner, dann experimentieren Sie mit *Polygonum affine*. Ihm behagt jeder Platz, der in den Mittagsstunden leicht beschattet wird. Nur bei sehr hoher Bodenfeuchtigkeit vermag es sich auch in brennend heißen Lagen zu behaupten. Wenn unter lichtkronigen Gehölzen das Unkraut wuchert und im tiefen Schatten nichts mehr blühen will, hat man in diesem Knöterich eine herorragende Ersatzpflanze, die nur mit Mühe Pflanzen hochkommen läßt. Als Bodenbedecker wird *P. affine* sehr gerne zur Begrünung kahler Flächen benutzt. Unter Gehölzen und zwischen den Beetstauden, als Einfassungspflanze und im landschaftlichen Garten breitet sich dieser Staudenzwerg rasenartig aus. Ein nährstoffreicher und feuchter Boden erleichtert ihnen das Weiterstreichen.
Über dem dunkelgrünen Laub, das sich im Herbst bronzerot verfärbt, erscheinen von Mai bis Oktober tausende von »Lampenputzern«. Das Wechselspiel der Farben wandelt sich mit dem Er- und Verblühen von Weiß über Rosa bis zu Dunkelrot. Dabei hat *P. affine* auch eine 20 cm hohe Sorte 'Superbum' mit rosafarbenen einen 15 cm hohen Staudenzwerg 'Darjeeling Red' mit rosaroten Blütenähren und eine kräftig rosarote Sorte 'Donald Lowndes' hervorgebracht.
Bei einfachster Pflege, die hauptsächlich aus leichten Düngergaben und durchdringendem Wässern besteht, kommt ihr herrliches Farbenspiel einen ganzen Sommer zur Wirkung.
Extreme Winterfröste übersteht dieser Knöterich samt seinen Sorten ohne Schaden. Auch wenn das gebräunte Laub im Frühjahr in einem trostlosen Zustand ist – bis zum Blütenfestival sind die Pflanzen wieder grün. Nur in sehr sonnigen Lagen muß *P. affine* und seine Sorten alle drei Jahre, an absonnigen Stellen alle fünf bis sieben Jahre hochgenommen, ausgeputzt und neu aufgepflanzt werden.

Primel *Primula denticulata, P.-Elatior-Hybriden, P. florindae, P. japonica*

Im Schattengarten können mit einer ganzen Reihe von Primeln große Farbflächen geschaffen werden. Schon im frühen Frühjahr beginnen die Kugel- und Doldenprimeln zu blühen. Der Flor erstreckt sich mit den Etagen- und Tibetprimeln bis August. Man verwendet sie bevorzugt an Gehölzrändern und im Baumschatten als Astilben- und Anemonen-Begleiter.
Kennen Sie die Kugelprimeln (*Primula denticulata*)? Den Namen verdanken sie ih-

ren kugeligen Blüten. Schon im März/April treten sie mit ihrem hell- bis dunkellila Vorfrühlingsflor in Erscheinung. Zuweilen findet man auch die leuchtend karminrote 'Crimson Emperor', die rubinrote 'Cachemiriana Rubin' und die weiße 'Alba' als Sorten angeboten.

Als Doldenprimeln werden unter dem Namen *Elatior*-Hybriden eine ganze Reihe von Sorten zusammengefaßt. Im April und Mai beherrscht ihr reiches Farbenspiel den Garten. Die weißen, gelben, roten und blauen Blumen ergeben großartige Blütenteppiche.

Die Japanischen Etageprimeln (*P. japonica*) wachsen in einem feuchten, lehmighumosen Boden zu kräftigen Pflanzen heran. Von Mai bis Juli bauen sie auf überlangen Schäften ihre Blütenquirle pagodenartig auf. Mit den weißen, purpurroten oder rosafarbenen Blüten lassen sich großartige Farbeffekte erzielen.

Die sehr wüchsige Tibetprimel (*P. florindae*) ist eine wundervolle Pflanze mit schwefelgelben Blüten. Von Juni bis August hängen am Ende der Blütenstengel ihre glockenförmigen Blumen. Auch diese Primel liebt einen feuchten Boden, auf dem sie bis zu 30 cm lange Blütenschäfte hervorbringt.

Viele Primeln haben die Eigenschaft, aus dem Boden herauszuwachsen. Wenn wir um ihren Fuß feuchten Torfmull oder gute Humuserde streuen, bewahren wir sie vor Winterschäden und braunen Blatträndern.

Solitärstauden für Beetstaudenpflanzungen

Geißbart *Aruncus dioicus (A. sylvester)*

Wer sich mit der Absicht trägt, den Geißbart mit Astilben im Schattengarten zu verwenden, sollte sich vor weiblichen Pflanzen hüten: Sie streuen ihre Samen aus, und ihre gelblichweißen Blütenrispen können sich nicht mit der Eleganz der reinweißen, zarten und dünnen Blütenstände der Männchen messen.
Ihre mächtigen Staudenhorste werden in einer humosen, etwas feuchten Erde sehr alt. In der Sonne blühen sie ebenso schön wie im Schatten von Gehölzen, wenn man während der heißen Jahreszeit viel wässert. Der eineinhalb Meter hohe Geißbart wird dann im Juni und Juli in 50 cm langen Blütenständen seine seidig-glänzenden Rispen entfalten.

Herkuleskraut *Heracleum lanatum, H. mantegazzianum, H. stevenii*

Wer das Außergewöhnliche liebt, findet es in den Herkuleskräutern – Pflanzen von gigantischen Ausmaßen. Sie übertreffen die benachbarten Stauden an Größe und Ausdehnung. Zwischen den ornamentalen, stark zerschlitzten Blättern erheben sich bei *Heracleum lanatum* 150–250 cm hohe, bei *H. mantegazzianum* 200–300 cm hohe und bei *H. stevenii (H. laciniatum, villosum)* bis zu 300 cm hohe Blütenstände. Nach der Samenreife im Herbst stirbt das zweijährige *H. mantegazzianum* ab. Die Nachzucht wird dem Besitzer eines Herkuleskrautes sehr leicht gemacht. Durch Selbstaussaat keimen überall im Garten junge Pflanzen. Einjährige Sämlinge lassen sich mit etwas Sorgfalt gut verpflanzen. Dagegen sind sie im zweiten Jahr nur noch mit großer Mühe umzusetzen. Wegen ihrer rübenartigen, sehr tief gehenden Wurzeln ist es ohnehin schwer, die vielen Sämlinge im Garten auszurotten. Deshalb schneidet man die Samenstände vor der Reife ab.
Die winterharten Herkuleskräuter werden vorwiegend als Solitärstauden und in Gruppen angepflanzt. Man kann sie mit Rauhblattastern und Chinaschilf zusammenpflanzen. Sehr gut passen sie auch an das Wasser, wo sie sich in einem feuchten, humosen Boden und bei etwas Düngernachhilfe zu wahren »Herkuleskräutern« entwickeln.

Beinahe hätte ich es vergessen – Vorsicht bei *H. mantegazzianum*! Die Haare der Pflanze haben eine hautreizende Wirkung. Es kann vorkommen, daß Kinder bei Berührung mit der Pflanze Ausschläge bekommen. Auch beim Abräumen der vertrockneten Blütenstände und Blätter ist es gefährlich, mit aufgekrempelten Ärmeln oder mit entblößtem Oberkörper und nackten Beinen die Pflanze zu berühren.

Alant *Inula magnifica*

Die ausdrucksvollen Blütenaugen dieser Großstaude erinnern in Form und Farbe an die Ringelblumen und an so manche *Helenium-* oder *Heliopsis*-Sorte. Falls wir dieser mächtigen Pflanze nicht den falschen Platz zuweisen, bewährt sie sich in der Nähe der zwei Meter hohen *Rudbeckia nitida*-Sorte 'Herbstsonne' ganz gut. Gar nichts zu suchen hat sie mitten auf der Staudenrabatte. Wenn schon, dann weit im Hintergrund als Abschluß eines Beetes, vor einer Mauer oder am Zaun.
Wer etwas von Pflanzen versteht, kann ermessen, was es heißt, jedes Jahr ein Pflanzengerüst von zwei Meter Höhe aufzubauen, Blätter bis zu einem Meter Länge zu bilden und im Juli/August 15 cm breite Strahlenblüten zu entfalten. Diese Leistung vollbringt der Alant. Im Garten helfen wir mit Humusnahrung, viel Dünger und häufigem Wässern nach.
Man glaubt, seine Blätter würden vor Gesundheit strotzen. Doch nach der Blüte wird das Kraut sehr schnell braun, so daß uns gar nichts anderes übrig bleibt, als die Pflanze dicht über dem Boden abzuschneiden.

Ligularie *Ligularia dentata, L. × hessei, L. × palmatiloba, L. przewalskii u. a.*

Gelb in Gelb begegnen uns zwischen Juli und September die Ligularien. Mit ihrem großen Laubwerk passen sie so recht an Bachläufe und Weiher, in die Nähe von Trollblumen, des Blutweiderichs, von *Iris sibirica,* dem Geißbart und dem Chinaschilf, von Astilben und Silberkerzen.
Ihre einzigen Ansprüche bestehen in einem feuchten Boden und nahrhafter Erde. Wer diesem Bedürfnis nur annähernd gerecht wird, ist erstaunt über die Wuchskraft dieser Pflanzen.
Unter den Ligularien gibt es prächtige Schmuckstauden, die, in Massen gepflanzt, von großer Wirkung sind. Bis zu eineinhalb Meter stehen die gelben Blüten von *L. × hessei, L. × palmatiloba* und der Sorte 'Gregynog Gold' über dem breitherzförmigen oder aufgeschlitzten Laub. Die Blätter von *L. dentata (L. clivorum)* erinnern gar an den Huflattich. Bei guter Pflege können ihre Blütendolden bis zu eineinhalb Meter hoch werden. Sie hat die orangefarbigen Sorten 'Desdemona' und

Herkuleskraut, Heracleum mantegazzianum.

Geißbart, Aruncus dioicus.

'Orange Queen' hervorgebracht. Eleganter als alle anderen Ligularien ist mit ihrem feingeschlitzten Laub und 100–150 cm langen Blütenkerzen *L. przewalskii*. Die volle Sonne vertragen sie nur bei genügender Bodenfeuchtigkeit. Trotzdem läßt es sich nicht ganz vermeiden, daß sie an sehr heißen Hochsommertagen gar nicht genügend Wasser in die Blätter pumpen können und deshalb entsetzlich schlappen.

Federmohn *Macleaya cordata*

Wer auf der Suche nach einer starkwüchsigen Pflanze ist, die unschöne Gartenekken und Mauern oder den Komposthaufen verdeckt, der findet im Federmohn eine prächtige Laubschmuckstaude von etwas mehr als zwei Meter Höhe. Seine Triebe

stehen so dicht, daß das Laubwerk ein kompaktes Blätterdach bildet. *Macleaya* mit Rauh- und Glattblattastern, Staudensonnenblumen und Gräsern ergibt ein bewegtes, kraftvolles Bild; als Abschluß großer Staudenrabatten eignet sie sich herrlich in Verbindung mit Parkrosen.
Der Federmohn will ungestört im Garten stehen. Empfindliche Nachbarn duldet er nicht – seine Wurzelkonkurrenz ist sehr gefährlich. Wenn wir ihn nicht in die Schranken weisen, sind lästige Austriebe die Folge. Das ungestüme Wuchern wird gestoppt, indem man Dachpappestreifen oder Asbestzementplatten eingräbt oder die Pflanzen in Kübel setzt. In ihren Bodenansprüchen sind sie sehr anpassungsfähig. Sie ertragen enorme Trockenheit, werden dann aber nicht so hoch.
Über dem feigenblättrigen Laub entfalten sie im Juli/August federige Riesenbuketts. Die kleinen, blaß-bräunlichrosa Einzelblüten sind unauffällig; nur die mehr kupfrigrosa Sorte 'Coral Plume' ist kräftiger gefärbt.

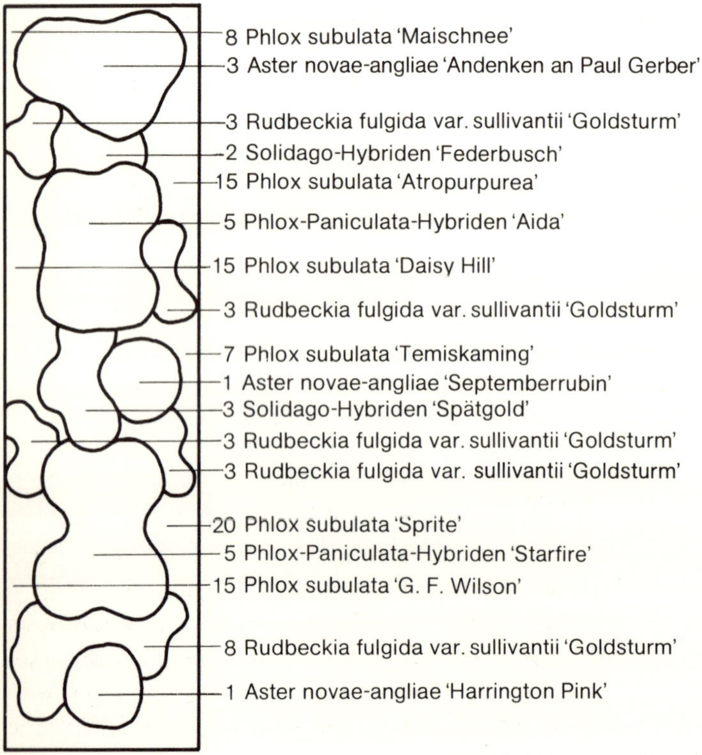

Fortlaufender Blütenflor von April bis November. Beet 7,5 Meter lang und 2 Meter breit.

Ornamentale Gräser für Beetstaudenpflanzungen

Pfahlrohr *Arundo donax*

Die riesengroßen *Arundo donax* wollen mit ihren überdaumenstarken Halmen sehr hoch hinaus. In nassen Sommern erreichen sie ohne Mühe eine Höhe von fünf Metern. Zu solch tropischer Üppigkeit gelangen sie auf jeder Staudenrabatte und in der Nähe von Wasserflächen. Das Pfahlrohr wächst besonders gut, wo es besonnte Standorte und eine feuchte Erde erwartet. Es gedeiht auch auf sandigen Böden, wenn wir in trockenen Sommern ausgiebig wässern. Es wird sogar empfohlen, dem Pfahlrohr einen trockenen Standort zu geben. Der kriechende Erdstamm kann dann im Herbst besser ausreifen und kommt gut über den Winter. In unserem gemäßigten Klima erhalten die Pflanzen trotz guter Reife durch eine Laubaufschüttung einen leichten Winterschutz. Die Schönheit der reifbedeckten Riesenhalme sollte für jeden Pflanzenfreund Grund genug sein, im Herbst das Pfahlrohr nicht zu entfernen. Erst im Frühjahr, nach dem Abräumen der Laubdecke, schneidet man die Riesenhalme handbreit über der Erde ab.
Die Nachzucht des Pfahlrohrs erfolgt durch Teilen der Wurzelstöcke. Mit ihrem kriechenden Erdstamm breiten sich die Pflanzen aus und gewinnen von Jahr zu Jahr an Schönheit. In Blüte kommt *A. donax* allerdings nicht in unserem mitteleuropäischen Klima. Dafür entschädigt sie durch einen eleganten Aufbau.

Pampasgras *Cortaderia selloana*

Eine stolze Erscheinung von den Weidesteppen Argentiniens ist das zwei bis drei Meter hohe Pampasgras. Um die Mitte des 19. Jahrhunderts hat es sich unter zwei botanischen Namen bei uns eingebürgert. Ganz allgemein heißt es *Cortaderia selloana,* während das Synonym *Gynerium argenteum* nur noch gelegentlich zu hören ist. Die Blütezeit des Pampasgrases beginnt bereits im September. Wenn keine starken Herbstfröste, kein Regen und Wind die Pflanzen zerzausen, halten ihre prächtigen Federbüsche bis Anfang Dezember.

Die Pampasgräser sind zweihäusig, das heißt, die silberglänzenden Federhelme sind nur männlich oder nur weiblich. Das männliche Pampasgras hat einen breit-pyramidalen Blütenstand. Sowie der Blütenstaub vom Wind weggetragen wird, verlieren die Blüten ihren Glanz. Die schlanken weiblichen Blütenrispen behalten noch ihren Seidenglanz, wenn die Blütenstengel schon abgestorben sind.

Von *Cortaderia selloana* sind inzwischen mehrere Formen mit den Sortenbezeichnungen 'Argenteum', 'Aurea', 'Rosea' und 'Sunningdale Silver' in Kultur. Ihre Rispen zeigen Farbtönungen vom reinsten Silberweiß bis zum klaren Rosarot.

Als Schnittblumen werden ihre prächtigen Blütenstände sehr gerne verwendet. In hohen Bodenvasen halten sie als Trockenblumen bis zu einem Jahr. Auch für Schaufensterdekorationen, in Wohnräumen und Foyers sind die riesigen »Straußenfedern« gut geeignet.

Die Wedel müssen geschnitten werden, ehe Regen, Wind oder Frost die Schönheit ihrer silberglänzenden Rispen verdorben hat.

Großartige Farbwirkungen bringen die weithin sichtbaren Federbüsche in jeder Gartenanlage hervor. Ihre silberglänzenden Blütenrispen heben sich sehr gut vor dem azurblauen Himmel und gegen das dunkle Laub von Gehölzgruppen ab.

Das Pampasgras läßt sich solitär und in Gruppen von drei bis fünf Pflanzen verwenden. An die Erde stellt *C. selloana* keine hohen Ansprüche. In jedem durchlässigen, humosen und nicht zu feuchten Gartenboden entwickeln sich die Pflanzen sehr gut. In trockenen Sommern verlangt das Pampasgras viel Wasser. Eine hohe Bodenfeuchtigkeit im Winter ist schädlich. Sie ruft Wurzelkrankheiten und Faulen hervor. Um der Gefahr von Staunässe vorzubeugen, empfiehlt sich ein durchlässiger Boden mit gutem Wasserabzug. Dem Nährstoffbedürfnis der Pampasgräser kommen wir pro Pflanze und Frühjahr durch eine Handvoll Blaudünger entgegen. Wenn die Novemberfröste über die Pflanzen gezogen sind, Regen und Sturm die silberglänzenden Blüten zerzaust haben, erhält das Pampasgras einen Frostschutz. Vor dem Eindecken werden die Blätter zusammengebunden. Eine Decke aus Stroh, Tannenzweigen, Blumen- oder Erbsenlaub, eine Laubaufschüttung oder Stalldungdecke verhindern das Eindringen des Frostes in den Boden und das Auffrieren des Wurzelstockes.

Das Wachstum des Pampasgrases erfolgt sehr spät. Mitte April, vor dem Durchtrieb der jungen Blätter, entfernt man die Winterhülle; das abgestorbene Laub wird sorgfältig abgeschnitten.

In sehr kalten Lagen, die eine Überwinterung im Freien nicht zulassen, kann das Pampasgras in Kübeln kultiviert werden. Im Spätherbst bringt man dann die Pflanzen in ein Winterquartier, wo sie trocken und dunkel bei geringen Temperaturen gehalten werden. Man kann das Pampasgras auch aus dem Boden nehmen und wie

Die weißen Federbüsche des Pampasgrases (Cortaderia selloana) heben sich prächtig von den beblätterten Riesenhalmen des Pfahlrohrs (Arundo donax) ab.

Dahlien überwintern. Diese Methode des Frostschutzes ist nicht in jedem Falle zu empfehlen, weil die Pflanzen durch das Hochheben so geschwächt werden, daß sie nur selten in Blüte kommen.

Chinaschilf *Miscanthus sinensis*

Der Siegeszug von *Miscanthus sinensis* auf den großen Staudenrabatten, als Solitär im Rasen und in den Ufergärten läßt sich nicht mehr aufhalten. Die übermannshohen *Miscanthus*-Horste entfalten im September/Oktober bis zu 30 cm lange Ähren. Zur Freude aller Gräserliebhaber verfügt *M. sinensis* über eine ganze Palette schöner Sorten, deren Schönheit und Eleganz zu jeder Beetstaudenpflanzung paßt. Wer es gelb, weiß und grün liebt, versuche es mit den buntblättrigen Sorten 'Strictus', 'Variegatus' und 'Zebrinus'. Ihre Halme erreichen eine Höhe von eineinhalb Metern. Die Blätter der etwas steifen 'Strictus' und der überhängenden 'Zebrinus' werden von gelblichweißen Querbändern durchzogen, während bei der Sorte 'Variegatus' die gelblichweißen Streifen längs des elegant überhängenden Laubes verlaufen. In seiner grazilen Form ist *M. sinensis* 'Gracillimus' kaum zu überbieten. Die kraftvollen alten Horste erreichen eine Höhe bis zu eineinhalb Metern. Seine langen schmalen Blätter werden von einem schmalen weißen Mittelband durchzogen. Sehr schön ist auch die frühblühende 'Silberfeder' mit ihren silberweißen Federbüschen.

M. sinensis und seine Formen sind im Sommer einem ständigen Wandel unterworfen. Der Austrieb der Halme erfolgt im späten Frühjahr. Die gelblichweißen Querstreifen von 'Zebrinus' erscheinen im Sommer, und die Blüten schieben sich im Herbst aus den Halmen.

Das Verhältnis zu den Stauden, gegenüber Feuchtigkeit und Dürre ist sehr gut. Bei großer Trockenheit ist das Chinaschilf allerdings sehr blühfaul. In feuchten Böden und an sonnigen, warmen Stellen läßt es schon im frühen September seine Federbüsche wehen.

Das Chinaschilf ist durch Teilen leicht zu vermehren und daher schnell zu verbreiten. Von einer Herbstpflanzung ist allerdings abzuraten. Der beste Zeitpunkt für die Vermehrung ist im April/Mai. In den ersten Jahren nach der Pflanzung erhält *Miscanthus* im Herbst eine Laubaufschüttung. Ältere Horste brauchen nicht mehr abgedeckt zu werden; nur in schneelosen und sehr rauhen Lagen benötigen auch sie einen Winterschutz. Ende März, kurz vor dem Austrieb, werden mit der Entfernung des Laubes die Halme handbreit über der Erde abgeschnitten. Was die Düngung anbelangt, sind sie für einen Kranz aus halbverrottetem Stalldung oder eine Handvoll Blaudünger immer dankbar. Aus den großen *Miscanthus*-Horsten lassen sich dann zur Füllung großer Bodenvasen jede Menge Halme herausschneiden.

Rutenhirse *Panicum virgatum*

Die Rutenhirse fügt sich sehr gut in unsere Staudenbeete ein. Mit Vorliebe setzen wir den straff aufrechtwachsenden *Panicum virgatum*-Typ 'Strictum' zwischen großflächig gepflanzte Stauden. Seine 180 cm hohen Staudenhorste stehen wie Ruhepunkte zwischen Goldgarben, Monarden und *Coreopsis verticillata.*

Die Rutenhirse ist von einer bewundernswerten Ausdauer. Sie kann jahrelang unverpflanzt im Garten stehen ohne zu wuchern. Mit dem Umsetzen hat es also Zeit. Dabei darf man sie, wie alle Gräser, nur im Frühjahr verpflanzen.

Goldleistengras, Spartina pectinata 'Aureomarginata'.

Man bedenke, daß die Rutenhirse ihre höchste Schönheit erst im Hochsommer erreicht. Zwischen den elegant geschnittenen Blättern erscheinen von Juli bis September lockere Blütenähren. Dabei fällt die Sorte 'Rehbraun' durch ihre rotbraune Blatt- und Halmfärbung besonders auf. Schon aus diesem Grunde sollte man mit dem Rückschnitt bis zum Frühjahr warten.

Goldleistengras *Spartina pectinata (S. michauxiana) 'Aureomarginata'*

Das Goldleistengras kann als Solitär den Charakter einer ganzen Staudenrabatte bestimmen. Seine elegant überhängenden Blätter vertragen es nicht, eingepfercht zwischen hohen Stauden zu stehen. Am schönsten wirkt es zusammen mit Steppenkerzen und *Rudbeckia nitida* 'Herbstsonne'. Seine Eleganz kommt nur zur Wirkung, wenn es gleichsam als Eckpfeiler am Anfang oder Ende einer Staudenrabatte steht.

Unter optimalen Wachstumsbedingungen kann *Spartina* eine Höhe von 150 cm erreichen. Leicht kann sich dabei Ihre Staudenrabatte in ein »Schilfbeet« verwandeln. Man muß also schon aufpassen, daß das Goldleistengras seine Nachbarn nicht überwuchert. Dabei verlangt es nicht die beste Erde, zumal es feuchten Boden liebt und sehr gerne im Sumpf steht, was nicht besagt, daß es nicht auch in jedem normalen Gartenboden wächst. Von einem Bedürfnis nach Winterschutz ist freilich nichts zu spüren, das heißt, es kann den Winter nur vertragen, wenn es fest eingewurzelt ist. Deshalb sollte das Goldleistengras im Frühjahr und nicht im Herbst ein- oder umgepflanzt werden.

Zwischen den gelbgesäumten Blättern erscheinen im Laufe des Sommers die schmucklosen Ähren. Nicht ein Halm wird im Herbst geschnitten. Zum einen sind sie in der Vase ohne großen Schmuckwert, und zum anderen werden seine reifen Ähren fleißig von den Vögeln beflogen.

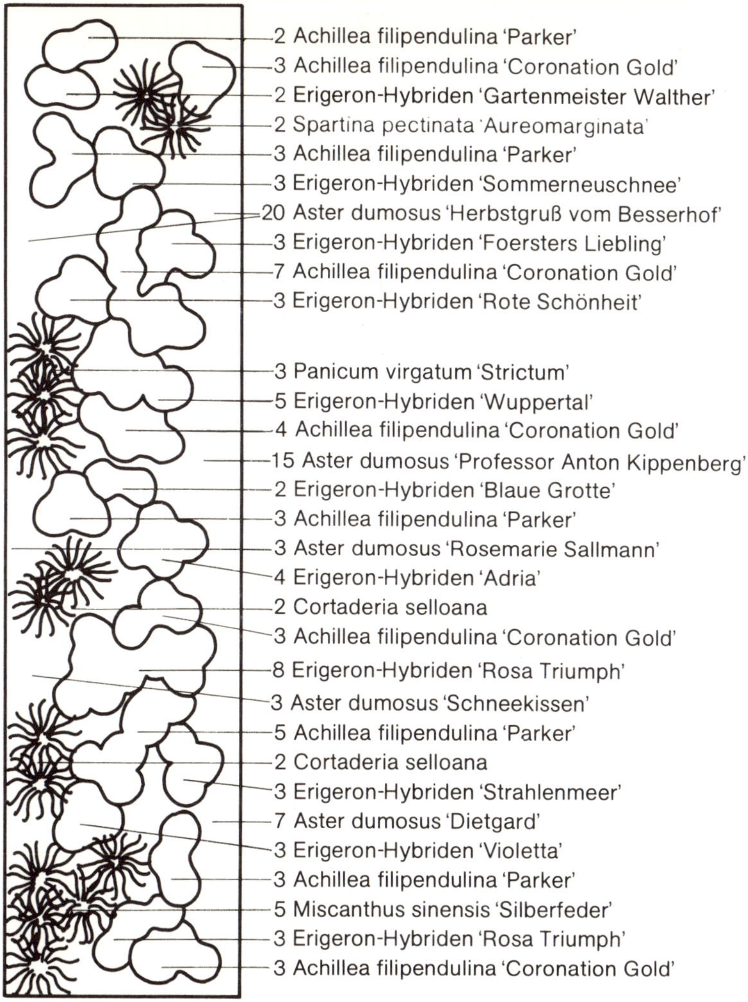

Stauden und Gräser. Beet 10 Meter lang und 2,4 Meter breit.

Bezugsquellen für Stauden und Samen

° = Katalog steht zur Verfügung, * = Einzel- bzw. Privatversand

° * Importeur für Pflanzen aus der ganzen Welt Albrecht Hoch
1000 Berlin 44, Karl-Marx-Str. 58

° * Staudenkulturen Wolfgang Gericke
1000 Berlin 46, Beethovenstr. 5
Anzucht und Verkauf: Berlin 47, Schönefelder Str. 123–135

° * Staudenkulturen Rudolf Seick
1000 Berlin 22 (Kladow), Gärtnersiedlung Str. 128, Haus 6

° Staudensamen Klaus Jelitto
2000 Hamburg 56, Horandstieg 28

Pflanzen-Körner
2000 Hamburg-Duvenstedt, Poppenbüttler Chaussee 92

* Staudenkulturen Adolf Marxsen
2000 Hamburg 53, Goosacker 14

° * Stauden, Gräser, Wasserpflanzen Karl Wachter
2081 Etz bei Pinneberg

* Staudenkulturen Walter Peters
2081 Uetersen i. Holstein

° * Gartenkulturen Günther Härlen, Inh. H. Härlen
2093 Stelle/Buchwedel, Hanstedter Landstr.

* Baumschule-Staudenkulturen Werner Früchtenicht
2130 Rotenburg (Wümme), Lauenbrücker Weg 11

° Norddeutsche Staudenkulturen Rudolf Kock
2406 Stockelsdorf, Schulweg 1

° * Staudengärtnerei Ludwig Herms
2420 Eutin, Plöner Straße 73

Bremer Staudenkulturen Bernd E. Kuhlwein
2800 Bremen-Horn, Holler Landhof

Garten- und Landschaftsbau Richard Homann oHG
2820 Bremen-St. Magnus, Knoops Park

° Gartengestaltung u. Staudenkulturen August Stallmann
2900 Oldenburg, Marschweg 101

Gärtnerei winterharter Blütenstauden Ernst Pagels
2950 Leer/Ostfriesland, Deichstr. 4

Staudenkulturen Fr. Alfred Zimmer
2980 Norden, Tidofeld 23

° * Staudenkulturen Heinrich Hagemann
3001 Krähenwinkel/Hann., Walsroderstr. 324

° * Staudenkulturen Rosemarie Eskuche
3031 Ostenholz, Am Söhnholz

Staudenkulturen Wilfried Siebler
3033 Schwarmstedt

Staudenkulturen M. Rolfs
3051 Poggenhagen, Fliegerstr. 99

Staudenkulturen Stefan Rauch
3101 Scharnhorst/Kr. Celle

° Baltin-Stauden
3184 Wolfsburg-Ehmen

° * Staudenkulturen Willi Tangermann
3204 Nordstemmen, Rauhe Wiese 17

° * Niedersächs. Stauden- u. Wasserpflanzenkulturen Heinrich Junge
3251 Hameln/Wehrbergen Nr. 91

Staudengärtnerei Bernhard Albrecht
3442 Wanfried/Werra, Marktstr. 24

° * Staudengärtnerei Heinz Klose
3503 Lohfelden 1 bei Kassel, Rosenstr. 10

° Samenzucht GmbH Ernst Benary
3510 Hannoversch-Münden, Postfach 109

Staudenkulturen Karl Winkler
4000 Düsseldorf, Goethestr. 62 und Holbeinstr. 4

Angermunder Staudenkulturen Julius Neis, Inh. Reiner Neis
4034 Angermund

Samenzucht und Samenhandlung Günther Pötschke
4041 Holzbüttgen, Postfach 1220

Staudenkulturen-Sämereien Aloys Köster
4250 Bottrop, Herzogstr. 31

Staudenkulturen Wolfgang Stade
4281 Borken-Marbeck, Nr. 4/25

° * Staudenkulturen E. Heine
4300 Essen-Heidhausen, Kutschenweg 12

Staudenkulturen Kurt Dominik & Sohn
4446 Hörstel, Rheiner Str. 55, Postfach 24

Staudengärtnerei Günter Högermann
4501 Jeggen bei Osnabrück

° * Linne-Stauden Peter und Bärbel zur Linden
4501 Bissendorf-Linne (Kr. Osnabrück)

Staudenkulturen Dr. Paula Rewald
4711 Steppenrade, Schillerstr. 9

Staudenkulturen Hilde Finken
5038 Rodenkirchen, Friedr.-Ebert-Str. 49, Postfach 65

° Staudenkulturen und Baumschulen K. Hugo Jürgl, Inh. Günther Jürgl
5039 Sürth bei Köln, Sürther Str. 300, Postfach 13

° Staudenkulturen Ludwig Behrens, Inh. Reinhard Behrens
5100 Aachen, Soerserweg 27

° * J. Lambert & Söhne KG
5500 Trier, Franz-Georg-Str. 125

° * Staudenkulturen Georg Arends, Inh. Ursula Maubach-Arends
5600 Wuppertal 21, Monschaustr. 76

° * Odenwälder Pflanzenkulturen Kayser & Seibert
6101 Roßdorf bei Darmstadt, Postfach 28

Staudenkulturen Franz Preissner
6230 Frankfurt/M.-Sossenheim, Westerbachstr. 247

Staudenkulturen Erhard Gärtner
6251 Staffel bei Limburg

Staudenkulturen Erich Otto Volkmann
6301 Heuchelheim, Schillerstr. 34

° * Staudenkulturen Johann Lintner jun.
6313 Homberg/Ohm 3 (Stadtteil Nieder-Ofleiden)

Staudenkulturen Eduard Roberts
6600 Saarbrücken-Schönbach, Irgentalweg 9

Staudenkulturen Theo German
6720 Speyer, Christian-Eberle-Str. 29

° * Stuttgarter Staudenkulturen Fritz Häußermann
7000 Stuttgart-Weilimdorf, Lindental 44

Staudenkulturen Hugo Raisch
7000 Stuttgart-Untertürkheim, Notkarweg 2

Baum- und Rosenschulen-Staudenkulturen Robert Schneck und Söhne
7012 Fellbach bei Stuttgart, Schmidener Str. 158

Staudenkulturen Wilhelm Pfitzer
7012 Fellbach, Täschenstr. 53, Postfach 1808

° * Staudenkulturen und Baumschulen Schönemann oHG
7012 Fellbach bei Stuttgart, Postfach 1947

° Staudengärtnerei J. Fehrle, Inh. Eggo Hokema
7070 Schwäbisch Gmünd, Schwerzerallee 61, Postfach 217

° * Staudengärtnerei Josef Denz
7220 Schwenningen a. N., Rottweiler Str. 137

Staudengärtnerei Albert Ernst
7405 Dettenhausen, Breitwiesen 1

° * Staudenkulturen Werner Schöllkopf
7411 Reutlingen-Betzingen, Postfach 113

° * Staudengärtnerei Albrecht Otto, Inh. Wolfgang Otto
7440 Nürtingen, Hohenzollernstr. 19

Staudenkulturen Emil Knecht
7500 Karlsruhe-Rüppurr 51, Diakonissenstr. 1, Postfach 510310
Betrieb: Rastatter Str. 18

° * Pforzheimer Alpengarten Joachim Carl
7531 Pforzheim-Würm, Auf dem Berg

Dr. Reimer-Staudengarten
7560 Gaggenau-Winkel

° * Staudengärtnerei Hans Götz
7622 Schiltach, Schramberger Str. 65

° * Staudengärtnerei Gräfin von Zeppelin, Inh. Helen von Stein
7841 Laufen über Müllheim (Baden)

* Staudenkulturen Paul Theoboldt, Inh. H. Theoboldt
7960 Aulendorf, Postfach 67

Staudengärtnerei Käthe Quaal
8019 Ebersberg bei München, Hörmannsdorf 15

Gartenbau Dipl. Hort. Klaus Stadler
8121 Aidenried/Ammersee, Seestr. 28

° * Baumschulen-Stauden Wilhelm Demmel
8124 Seeshaupt, Baumschulenstr. 3

° * Baumschulen, Rosen- und Staudenkulturen Johannes Kreuzer
8261 Tittmoning/Obb., Postfach 1140

Garten-Center Delius
8500 Nürnberg, Oedenberger Str. 7

Staudenkulturen Walter Radloff
8500 Nürnberg, Schnieglinger Str. 56/76

° * Staudenkulturen Karl Hein Marx
8602 Strullendorf bei Bamberg, Bahnhofstr.
priv. Tiergartenstr. 5

° * Gärtnerischer Pflanzenbau Dr. Hans Simon
8772 Marktheidenfeld, Postfach 32

* Staudenkulturen Hermann Näpfel
8820 Gunzenhausen, Äußere Nürnberger Str. 3

° * Rieser Staudenkulturen Walter Schimana
8861 Deiningen

Staudenkulturen Hellmut Hahn
8960 Kempten/Allgäu, Freudental 14
Betrieb: Weidacherweg 47

Wollen Sie sich einer Staudenliebhaber-Gesellschaft anschließen, dann wenden Sie sich an die »Gesellschaft der Staudenfreunde«, 725 Leonberg, Justinus-Kerner-Str. 11 oder an die »Deutsche Dahlien- und Gladiolen-Gesellschaft«, 674 Landau/Pfalz, Stadtgartenamt.

Bildquellen

Das Umschlagbild ist eine Aufnahme von A. Felbinger, flora-bild, Stuttgart. Die Farbfotos auf den Seiten 67, 79, 81, 85, 89, 93, 121, 125, 143 stammen ebenfalls von flora-bild. Die Farbfotos auf den Seiten 113 und 135 sowie die Schwarzweißfotos auf den Seiten 103, 105 und 151 links hat Martin Haberer, Raidwangen/Nürtingen, aufgenommen. Das Bild auf Seite 155 stammt von Josef Wohlschlager, Sindelfingen. Die übrigen Abbildungen sind vom Verfasser.

Erklärung einiger Fachausdrücke und Abkürzungen

Beetstauden = große und reichblühende »Prachtstauden«, die meist viele Sorten hervorgebracht haben.

CaO = der Kalkgehalt der Düngemittel liegt in Form von gebranntem Kalk = CaO vor.

Fungizide = Pflanzenschutzmittel zur Verhinderung und Bekämpfung von Pilzkrankheiten.

Grunddüngung = Verabreichung von Düngemitteln zur Pflanzerde.

Hybriden = Nachkommen von Eltern, die sich in ihren erblichen Merkmalen unterscheiden.

K_2O = Der Kaliumgehalt der Düngemittel wird als Kaliumoxid = K_2O angegeben.

MgO = der Magnesiumgehalt der Düngemittel wird als Magnesiumoxid = MgO angegeben.

N = chemisches Symbol für Stickstoff (lateinisch Nitrogenium).

P_2O_5 = der Phosphorsäuregehalt der Düngemittel liegt in wasserfreier Phosphorsäure vor. Er wird deshalb mit der chemischen Formel P_2O_5 (Phosphorpentoxid) angegeben.

Sämlinge = aus Samen entstandene Pflanzen.

ssp. = subspecies, Unterart

Stecklinge = abgeschnittene Pflanzenteile, die sich bewurzeln und als neue Pflanzen weiterwachsen.

var. = varietas, Varietät.

Volldünger = Düngemittel mit den drei Hauptnährstoffen Stickstoff, Phosphor und Kali.

Wurzelschnittlinge = werden von Pflanzen gewonnen, aus deren Wurzeln sich neue Pflanzen entwickeln.

× = Artbastarde erhalten ein Malzeichen vor der Artbezeichnung.

‘ ’ = cultivar, Sorte. Alle Sortennamen werden groß geschrieben und in Einzelanführungsstriche gesetzt.

Sach- und Namenregister

Bei den Pflanzennamen verweist die letzte Seitenzahl immer auf die Hauptbeschreibung